ASAHI SENSHO
朝日選書
972

アメリカの原爆神話と情報操作

「広島」を歪めたNYタイムズ記者とハーヴァード学長

井上泰浩

朝日新聞出版

目　次

第二章　**放射能否定**　一転したタイムズ紙報道　…55

アメリカの原爆神話と情報操作

「広島」を歪めたNYタイムズ記者とハーヴァード学長

井上泰浩

はじめに

根拠のなさと嘘偽りを解き明かす

二〇一七年は核兵器廃絶に向けた世界的な希望と励みになる二つのことがありました。国連での核兵器禁止条約の採択、そして、核兵器廃絶国際キャンペーン（ＩＣＡＮ）がノーベル平和賞を受賞したことです。

これまで核兵器の廃絶に関係することで贈られたノーベル賞は、「核兵器のない世界をめざす」とプラハ演説（二〇〇九年）で訴えたバラック・オバマ大統領（Barack Obama　在任二〇〇九―一七）をはじめいくつもあります。[1]

しかし、戦争で核兵器を使った唯一の国（そして核保有国はどこもそうですが）、アメリカは動き出そうとしません。それどころか、二〇一七年には天文学的予算（一兆ドル＝約一一〇兆円）を費やし精度と殺傷力をさらに高める核兵器の近代化が動き出してしまいました。あまりニュースにもならなければアメリカの人々から反対の声も聞こえてきません。

どの国よりも多く、どの国よりも高度に進んだ核兵器を持ち続けることが、アメリカによる世界覇権を維持し、また、核の抑止力で全面戦争を防ぐことができるという考え方が受け入れられているからです。たしかに、核兵器によって自国の安全保障と世界の平和が維持できるという「リアリズム」に立脚する政策決定者、軍人、また、研究者にとってみれば、核兵器は絶対に必要なのです。

ただ、アメリカ国民一般の人々が核兵器を持ち続けなければと考える理由は、もっと心情的なものだと思います。多くのアメリカ国民が自分の国が実戦で核兵器・原爆を使ったことを正当化するばかりか、「救世主」として称え、善きものとして信じ込んでいるのです。賞賛される限り、核兵器が廃絶に向かうはずがありません。善きものをどうして捨て去ることができるでしょう。これが核廃絶に向かわない根本的な理由ではないでしょうか。

アメリカから世界に目を移すと、中国、韓国などでは原爆は日本に対する天罰だと見なす人々もいます。広島と長崎への原爆攻撃が正当化され賞賛される限り、再び実戦で使用されたとしても受け入れられるでしょう。

この本では、多くのアメリカ人の心に信仰のように刻まれている「原爆神話」の形成から確立までを明らかにします。原爆を正当化し、救世主として賞賛する考えを植え付けたのは、五つの神話物語です。

原爆は民間人の犠牲を避けるため事前に警告をして軍事基地を破壊し（神話①）、あっという間に日本を降伏させた（神話②）。戦争を早期に終結させた結果、予想された一〇〇万人ものアメリカ人の命、さらに多くの日本人の命も救った救世主だ（神話③）。アメリカは神に託されて慈悲深い行いをした（神話④）。原爆の放射性物質は熱と爆破に変わっているので、ほとんど影響はない（神話⑤）。

日本人の原爆理解とはまったく異なります。どうしてこのように信じられるようになったのか、誰の仕業なのか、そして、原爆神話の根拠のなさと嘘偽《うそいつわ》りをあぶり出すことが本書の目的です。政府や軍の隠蔽《いんぺい》、歪曲《わいきょく》、捏造《ねつぞう》という情報操作によって原爆神話の物語がつくられたことは、ある意味で驚くにはあたらないかもしれません。戦争にはプロパガンダは欠かせないものですし、政府の重要な仕事の一つは情報操作だからです。しかし、政府や軍のみがこれを行なったとはいえないのです。

原爆神話の形成と確立に決定的な役割を果たしたのは、世界で最も権威と信頼のある新聞の一つニューヨークタイムズ *The New York Times* のウィリアム・L・ローレンス William L. Laurence

記者と、名門ハーヴァード大学 Harvard University のジェイムス・B・コナント James B. Conant 学長です。にわかには信じがたい組み合わせでしょう。二人に焦点を当て、陰に隠れた彼らの策略を説明しながら原爆神話の形成と確立、そして虚構を解き明かしていきます。

もちろん、情報操作を組織的に計画実行した首謀者はアメリカ政府と軍です。しかし、タイムズ紙記者とハーヴァード学長の「貢献」なくしては、今も続く原爆神話が確立されはしなかったでしょう。軍と裏取引をしたローレンス記者は原爆を世界に告げた大統領声明からメディアに提供された資料や模範記事まで準備し、放射能とその影響を否定する記事を書き続けました。原爆開発の統括責任者でもあったコナント学長は、原爆の「正典」となった決定的な論文を企て、神話を確立させたのです。神話だけではありません。コナント学長の提唱がなければ、原爆は人口密集地の無差別攻撃に使われなかった可能性さえあります。

信じたいことを信じる人間の性分

どうして原爆神話が信じ続けられているのでしょうか。

タイムズ紙記者とハーヴァード学長の「功績」もありますが、人は信じたいことを信じるという心の働きにもよるからです。「事実より、虚偽であっても信じたいこと、個人の感情に訴えることのほうが強い影響力を持つ状況」――「ポスト真実 post truth」は、オックスフォード英語辞典が二〇一六年の「言葉」に選んだほど世界的な現象にまでなりました。また、ツイッター等で拡散するメディアのフェイクニュース(偽ニュース、虚偽報道)が話題になったことで、インターネット、ソーシャルメディア時代に顕著な現象のように感じられます。

ただ、信じたいものや聞き心地のよいものだけを信じることはソーシャルメディア時代に限った話ではありません。ポスト真実という状況や現象は、今に始まったことではないのです。誇りや自尊心、愛国心や自民族優越心を満足させる心地よい筋書きの物語をつくり上げそれを信じ込むことは、人間の持つ心根、業です。

0-1　スミソニアン博物館に展示されるエノラゲイ(中央、筆者撮影)

心地よい物語を逆なでする内容に対しては、拒絶反応が起きます。それが表出したのが一九九五年の原爆五〇周年を記念してアメリカで計画された展示会に対する強烈な反感と抗議運動です。広島に原爆を投下した爆撃機エノラゲイとともに、原爆が実戦で使われた様々な理由や被爆者の実態をスミソニアン航空宇宙博物館で紹介する展示が計画されていました。原爆神話に疑問を投げかけるものや否定する事実と史料、そして被爆者の写真や遺品が展示内容に含まれていました。この計画に対し、「歴史を修正するのか」「命を救った原爆を侮辱するな」と軍人会から連邦議会まで巻き込んだ熾烈《しれつ》な抗議運動が

起き、展示会は中止に追い込まれています。(2)

事実とかけ離れた神話

しかし、客観的な事実はやはりあります。事実関係をめぐる事実、真実のことです。どんなに聞き心地がよかろうと、捏造や歪曲されたものは事実ではありません。

原爆は正しかったのか、あるいは間違いであったのかは、どちらが真実であるか答えは出ないかもしれません。しかし、広島と長崎への原爆攻撃は「事前の警告はなかった」「人口密集地の都市が標的だった」ことは事実です。「戦争が長引いても一〇〇万人のアメリカ兵が死傷するとは予測されていなかった」のは史料が証明しています。「原爆の放射能によって多くの人が犠牲になり、障害で苦しんでいる」ことは現実に起きている事実です。つまり、原爆神話のほとんどは事実ではないのです。

日本人が理解している原爆の実相は原爆攻撃をした当事国の人々とは異なること、日米国民の原爆の相互理解はまだ遠い道のりだということを受け入れる必要もあるでしょう。アメリカで教育を受け仕事もした身としては、このことを痛感しています。

メディアの社会的政治的な影響の研究を専門にするわたしにできることは、どうしてアメリカでは原爆攻撃が賞賛され、救世主とあがめられ、人道的な兵器だと信じ続けられているかの一面を情報操作の視点から明らかにすることです。ニューヨークタイムズ記者とハーヴァード学長らによって歪められた原爆の実相、つまりアメリカ人の原爆に対する思考様式を理解することが、広島と長崎の教訓を具現化することの一助になればと願い、この本にまとめました。

本書の構成

一章では原爆を開発したアメリカ戦争省と取引をし、原爆攻撃後の大統領声明や演説、軍の記者発表資料から模範記事まで書いたニューヨークタイムズ記者、ローレンスについて説明をしていきます。アメリカ人の原爆正当化と賞賛、そして、放射能と切り離された原爆理解を探っていきます。二章では、原爆の実態が報道されたことを契機に始まった軍による放射能隠蔽と嘘偽りに対して、タイムズ紙（そして他の報道機関も）が片棒を担いだ報道を明らかにします。ローレンス記者一人だけではなく、タイムズ紙の組織的な原爆情報統制についても検証します。

原爆開発のすべてを知り、神話物語をつむいだローレンス記者について、また、タイムズ紙の持つ絶大な社会的政治的な影響力について三章で解説をします。新聞の創刊まで振り返りながら権威と影響力を持つに至った歴史を振り返ります。タイムズ紙の報道が、原爆神話の形成でどれだけ影響力を持ったのかを理解するために役立つはずです。わたし自身、全国紙で記者をしていましたが、ローレンスについては良くも悪くも「こんな記者がいたのか」と驚いたほどです。

四章からは本書のもう一人の「主役」、ハーヴァード大学のコナント学長に話を移します。原爆被害者の実相がアメリカに伝わり始め非難も湧き出した時期に、原爆論争に終止符を打つよう彼が裏で指揮した広報作戦を検証し、隠蔽と捏造を明らかにします。五章では、有機化学者として毒ガス開発製造の第一人者だったコナントが、ハーヴァード学長となり、ホワイトハウス入りし、そして、原爆開発の統括責任者になるまでの道のりをたどります。彼が人口密集地に原爆を使うことを提唱した理由についても解説をします。

最終章の六章では原爆神話の解体、つまり、原爆の事実の隠蔽、歪曲、捏造を明らかにします。まず、原爆のドキュメンタリー映画と銘打たれた（しかし、原爆神話が集約された）ハリウッド映画の嘘偽りから「歴史的捏造」をあぶり出します。そして、本書の結びとして史実を示しながら五つの原爆神話を一つずつ解体します。(3)

軍人として広島に向かう道中で原爆の閃光《せんこう》を見た亡き祖父伍一に。

第一章　原爆神話の形成

タイムズ記者と軍の共謀

爆発から1時間以上が経過した広島上空に広がるキノコ雲（米軍）

一　軍と裏取引　ローレンス記者

〔原爆によって〕これから哀れな悪魔が死んでいくことに、哀れみや同情を誰が感じるだろうか。真珠湾攻撃を思い起こせば、感じるはずはない。

真珠湾攻撃という卑劣なだまし討ちで戦争を始めた国は、神の国＝アメリカによって原爆で攻撃されることは当然のことだ――この記事を書いたのは、アメリカにとどまらず世界を代表する新聞の一つ、ニューヨークタイムズの記者、ウィリアム・L・ローレンスです。

この一九四五年九月九日付のタイムズ一面記事はジャーナリズムで最高の栄誉であるピューリッツァー賞を受けました。原爆による民間人の無差別殺戮《さつりく》と、軍の施設を狙った真珠湾攻撃とい

1-1　ウィリアム・L・ローレンス。広島と長崎の原爆攻撃出発地となったティニアン島にて
Photo courtesy of the Walter Goodman Collection, Atomic Heritage Foundation.

う対極のことを同列に並べて報じています。真珠湾攻撃の当然の報いであるかのように、原爆による何十万人もの犠牲を正当化しています。タイムズ紙が標榜《ひょうぼう》する公正さも、ピューリッツァー賞の栄誉も、この記事から感じ取ることはできません。

国家最高機密の原爆開発製造、マンハッタン計画の全貌を知ることを許された唯一の記者がローレンスです。人類史上最初の核爆発実験（トリニティー実験。一九四五年七月一六日、ニューメキシコ州アラマゴード）や、戦争で使われた最後の核兵器である長崎の原爆攻撃をB29爆撃機から目撃しています。

その「見返り」に、彼はアメリカ政府・軍の片棒を担ぎ原爆情報の隠蔽、捏造による世論操作の一翼を担ったのです。政府・軍の発表では人々の疑念が生まれてくるため、「客観的な」報道機関の記者に代弁させるという情報戦略です。一九三七年にも科学報道でピューリッツァー賞を受賞していたタイムズ紙の科学記者です。

科学者から自由に聞き取りを行い、原爆の構造、予想された破壊力、完成に至る過程を知り、そして原爆攻撃を目撃したのも、ジャーナリズムの世界ではローレンスただひとりでした。彼が準備していた原爆の「世紀のニュース」は、当時から世界で最も信頼される新聞の一つ、タイムズ紙に「客観的事実」「真実」として掲載され、全米、全世界に伝えられました。世界中の政治家や社会のエリート層が読むタイムズ紙を通して、ローレンスは原爆とはどのようなものであるのか、なぜ使われたのか、さらには「広島には残留放射能はない」とまで政府の思惑どおりに記事を書き、アメリカ国民の世論を原爆の受容と賞賛へと導きました（二章五節参照）。彼こそが、この本のテーマである「原爆神話」を国民の深層心理に根付かせる素地をつくりあげたのです。

ローレンスが書いたのは、自らの署名を冠したタイムズ紙の記事だけではありません。原爆の開発と広島への実戦使用を世界に告げたハリー・トルーマン大統領（Harry S. Truman　在任一九四五―五三）の声明や演説もローレンスが起草しています（後述）。原爆使用後に軍が発表した原爆の研究開発、構造、威力を説明する報道発表資料、そしてメディアに提供された「模範記事」（提供を受けた新聞社は自社記者の署名を付け掲載しました）のほとんどはローレンスが書いたものです。彼が書いた発表資料、記事、そして声明以外に、アメリカ国民はおろか世界中の人は、原爆の開発と実戦利用について知る由はありませんでした。

世界中の人々が初めて耳にした原爆の情報は、トルーマンの声明と演説、そして全米と世界中の新聞を通して語られたローレンスの言葉だったのです(1)。

当時のアメリカ人が抱いていた日本に対する強烈な憎悪とは「真珠湾攻撃というだまし討ちを仕掛けてきた忌むべき敵に対しては、どんな仕打ちをしても当然である」という露骨な復讐《ふくしゆう》心でした(2)。多くのアメリカ人が心の底から日本に対して憎悪を抱き、それは口に出して語られ、大衆メディアにあふれていました。しかし、タイムズ紙など一流紙ではこうしたことを文字で伝えることはほとんどありませんでした。その理由は、「復讐」というものには醜さが伴うこと、また、神によって選ばれし善きアメリカ人は品位と寛容さが求められるというキリスト教の思想が、知識人などの社会階層には根強かったからです。

こうした「会話では口には出して言えるが、公言ははばかられる」ことを、大統領の口を通して、また、高級紙の代表であるタイムズ紙が国民に伝えたことによる影響は計り知れません。(3) 人道に反する罪であり、少なくとも道徳的な罪悪感を抱かざるをえない原爆による都市住民の無差別殺戮と「だまし討ちの真珠湾攻撃」とを結び付けることで罪の意識を消し去る効果があったのです。

二　原爆神話の始祖

ローレンスが書いたトルーマンの声明や演説は、罪悪感をアメリカ人の意識から拭い去っただけではありません。「原爆は神による選民であるアメリカ人に託されたもの」であり、「原爆は戦争を終結させアメリカ人の命を救った救世主だ」という、アメリカ人の意識に刻まれた「原爆神話」を創出する出発点となりました。

アメリカ人の多くが「原爆神話」を信じています。原爆に対する信仰と呼んだほうがいいかもしれません。「はじめに」でもふれましたが、あらためて簡単に原爆神話を説明しましょう。日本人の原爆理解とはまったく異なることがわかるはずです。

①原爆は民間人の犠牲を避けるために、そして事前の警告をした上で軍事目標に投下された。破壊したのは軍事基地と軍事施設、殺傷したのは軍人が中心で、民間人の犠牲を最小限にとどめている。

②原爆のとてつもない衝撃によって日本を降伏させ、戦争を早く終結させた。

③その結果、計画されていた日本本土決戦を回避することができ、五〇万人から一〇〇万人（あるいは数百万人）のアメリカ人の命を救った。それ以上の日本人の命を救った。

④つまり、原爆はアメリカと日本にとっての救世主である。神から選ばれた民であるアメリカ人は、神に託され原爆を使用した。

⑤原爆の熱と爆破が日本人を殺したのであり、放射能障害はほとんどない。原爆の放射性物質（ウランやプルトニウム）は桁外れの爆発と熱に変わり、放射能をほとんど残していない。つまり、通常兵器の延長である。残留放射能は（ほとんど）なく、爆発の瞬間に犠牲者のほとんどは死亡している。

三　放射能の影響の隠蔽

原爆は民間人の犠牲を最小限にするために警告した上で軍事基地を破壊し（神話①）、日本を降伏に追いやり戦争を終結させ（神話②）、何十万、何百万の生命を救った（神話③）神から負託された行いであり救世主（神話④）だとあがめられる限り、核廃絶に向かうはずはありません。日本では「絶対悪」とさげすまれる原爆は、アメリカでは「救世主」なのです[4]。

原爆神話を構成する五番目の物語「原爆による放射能の影響はない」は、神話の中でも別次元のものです。なぜなら、「原爆による放射能障害、残留放射能」という絶対的な事実を否定するものだからです。ローレンス記者は、そしてニューヨークタイムズも、原爆による放射能の否定、無視、極端な過小評価を続けました。「放射能」という言葉が記事に登場するときは、ほとんどの場合は人体への影響について否定する内容でした[5]。

「原爆が実戦使用された直後は放射能の影響について、科学者や軍はともかく、記者は知らなかった、知らされていなかったのでは」という疑問が出るかもしれません。いえ、ローレンスは全米初の科学専門記者で原子物理学の専門家並みの知識を持ち、原爆の研究開発のすべてを知る男でした。そしてジャーナリストとしてただひとり、史上初の原爆炸裂の瞬間に立ち会い、B29爆撃機から原爆が投下され都市が壊滅する様子を目の当たりにしました。放射能の人体への深刻な、死に至る影響を原子物理学者並みに理解していました。[6]

「アトミック・ビル」（Atomic Bill　ビルはウィリアムの略称）。原爆のことをすべて知る記者として、ウィリアム・L・ローレンスはタイムズ紙編集室でこう呼ばれていたのです。

広島と長崎の記事だけではなく、戦後行われた南太平洋での原水爆実験の記事でも、「アトミック・ビル」は放射能の影響は否定する、まったく記事にしない、もしくは当たり障りなく短くふれる程度でした。日本の被爆者だけではなく、実験場となった南太平洋とアメリカの被爆者については存在そのものを否定し続けました。これとは対照的に、政府が会見を開いて残留放射能やその影響を否定する際には大々的な報道を繰り返しました。また、核エネルギーがもたらすバラ色の生活を世の中に宣伝し続けました。[7] 政府の意向を「忖度《そんたく》」して放射能の影響を報道しない「不作為」による「隠蔽」、さらには「虚偽」、つまりフェイクニュースさえ書いているのです。[8]

人類が初めて核兵器を手に入れ、広島と長崎の攻撃にそれが使われた時期は、その後の原爆の理解を決定づける上で重要でした。この重要な意識形成の揺籃《ようらん》期に、放射能の影響を全面否定するか、報道したとしても不当に過小評価した記事ばかりをローレンスは書き、タイムズ紙は掲載し続けたのです。

核兵器は破壊だけではなく深刻な放射能汚染とそれによる放射能障害を引き起こすことは、今では世界中の人が理解していることです。「核兵器＝破壊と放射能汚染（爆発時の放射能放出と残留放射能）」という図式は頭の中に刻み込まれています。しかし、同じ核兵器でありながら広島と長崎で使われた原爆（広島型はウランを使用、長崎型はプルトニウムを使用）による放射能の影響について、かなりの数のアメリカ人は「知らない」、もしくは「（核物質は）爆発で使われ放射能は残っていない」と信じています。[9] 矛盾する核兵器・原爆理解を式に表すとこうなるでしょう。

「核兵器 ＝ 放射能汚染」、しかし、「広島と長崎の原爆 ≠ 放射能汚染」

なぜこうなるのか。「自分の国が広島と長崎で使った救世主たる原爆が放射能汚染を起こしたはずはない」と罪を認めたくない自己防衛本能的な愛国心によるともいえるでしょう。しかし、これから検証していくように、タイムズ紙が拡散していったローレンス発の原爆情報が元になり、放射能の影響を否定する原爆神話が植え付けられていったのです。

それでは、ローレンス記者・タイムズ紙と政府・軍との「癒着」と「忖度」、そして「隠蔽」と「虚偽」にまみれた原爆報道を検証していきます。まずは彼が起草した広島の原爆攻撃後に発表されたトルーマン大統領声明です。原爆のことなど何も知らなかった世界中の人々に、人類が宇宙の力を手にしたこと、それはどういうものであるか、なぜ使われたかを告げ、その後のアメリカ国民の原爆使用の正当性の理解を決定づけたものが、この声明です。

四　真っ白な原爆理解を染めた大統領声明

広島に原爆が使用された一九四五年八月六日午前八時一五分から一六時間後、ホワイトハウスで原爆実戦使用を告げるトルーマン大統領声明が発表されました。[10] トルーマンはドイツで開かれていたポツダム会談を終えて帰国途中の大西洋上でした。そのため、声明は、トルーマン自ら読み上げたものではなく、記者発表（プレスリリース）として世界に告げられたものです。

1-2　1945年８月５日、ポツダム会談から帰り、アメリカ軍艦「オーガスタ」上で日本への原爆投下の第一報を待つトルーマン大統領（朝日新聞社提供）

突然、人類の元に現れた原爆という驚嘆すべき兵器の発明、その破壊力。世界の人々に与えた原爆の衝撃は「一〇〇〇年に一度の驚愕する出来事」[11]として伝わりました。その後しばらくの間、原爆や核エネルギーに関するありとあらゆる記事や論評は、トルーマン原爆声明をなぞるように書かれました。

では、声明をひもといていきましょう。[12]

トルーマン大統領の原爆投下声明

一六時間前、アメリカ空軍機が、日本陸軍の重要基地である広島に一発の爆弾を投下しました。その爆弾は、TNT火薬で二万トン以上の破壊力を持ちます。これまでの戦争で使われた最強の爆弾は、イギリスの「グランドスラム」ですが、今回の爆弾はその二〇〇〇倍以上の爆発力を持っています。

日本は真珠湾の空襲によってこの戦争を始めました。何倍にもなって償うことになったのです。しかも、まだ終わりではありません。この革新的な破壊力を持つ爆弾をわたしたちが手にし、増大するわが軍の兵力をさらに強大なものにしました。今回と同じ爆弾はいくつも製造中であり、さらに破壊力のある新型も開発中です。

これは原子爆弾です。宇宙の根源的な力を利用するものです。太陽の力が、極東に戦争をもたらしたものに解き放たれたのです。〔中略〕

わが軍は、日本の都市にある地上の生産設備のすべてを、さらに迅速かつ完全に消滅させる準備を整えたところです。日本の港湾施設、工場、そして、通信施設を破壊します。断言します。日本の戦争遂行能力を完全に破壊します。

七月二六日にポツダムで出した最後通牒《つうちょう》は、日本国民を完全な破滅からは救うことを約束しました。日本の指導者たちは、即座に最後通牒を拒否しました。わたしたちの条件を日本の指導者が受け入れない場合、空から崩壊をもたらす雨が降り注ぐことになります。この世でまだ誰も見たことがないものです。〔後略〕

（〔 〕内は引用者挿入、以下同じ）

これまで極秘中の極秘に研究開発が進められていた原子爆弾のことなど、アメリカ国民はおろか世界中の人々は何も知っていませんでした。原爆声明はその空白を打ち破る情報として唯一の理解のよりどころとなり、その後形成されていく原爆神話の起源となったのです。

声明に含まれた原爆神話の起源を見ていきましょう。

原爆は（桁違いの）通常兵器

トルーマン声明の大きな特徴の一つが通常兵器の延長線上に原爆を定義づけたことです。これまでの兵器と原爆を分け隔てる根本かつ最大の特性である、放射能を放出するという点については一切ふれていません。具体的には、通常兵器の爆薬であるＴＮＴ火薬と比較し破壊力の程度を示し、また、当時世界最大の爆発力を持った通常兵器グランドスラムに増して原爆の威力は比類のない爆発力であると意識づけをしています。つまり、爆発の瞬間だけ破壊をもたらす一過性を強調したものでした。

放射能による即死や急性死、急性障害からその後起きる癌《がん》などの長期的な後障害について完全に無視したことはアメリカ以外の国での原爆理解にも引き継がれているといえます。

正当な報復行為

「日本は真珠湾の空襲によってこの戦争を始めました。何倍にもなって償うことになった」と、原爆攻撃は正当な行為であり当然の報いであると強調されています。本章の冒頭で見たローレンスが自らの記事に書いた「（原爆によって）これから哀れな悪魔が死んでいくことに、哀れみや同情を誰が感じるだろうか。真珠湾攻撃を思い起こせば、感じるはずはない」とまったく同じ正当化論です。真珠湾攻撃は軍事基地を攻撃した（ある意味正当な）軍事行動ですが、原爆攻撃は人口密集地を狙った大量無差別殺戮、人道に対する罪です。

ただこの声明では、三日後のラジオ演説（次節で解説）のように民間人の犠牲を避けるために軍事基地を攻撃したとは明言されていません。意図的にそうしたのか、それとも、この声明発表の後で（虚偽ですが）重要な点を言い漏らしたと気づいてラジオ演説で付け加えたのかどうかはわかっていません。

神により、神の力を負託されたアメリカ

声明の「宇宙の根源的な力を利用するものです。太陽の力が、極東に戦争をもたらしたものに解き放たれたのです」についてアメリカ人がどのように理解したのか、彼らの選民意識と思考傾向から解説するとこうなります——宇宙の根源的な力、神の力＝原爆によって、神による選民で

あるアメリカ人が、神に負託されて、だまし討ちで仕掛けてきた日本に懲罰を下した。一聞すると責任を神にかぶせる言い逃れのように聞こえるかもしれませんが、そうではありません。当時の(特に白人キリスト教徒)アメリカ人は、自分たちが神から選ばれてアメリカを開拓し、国を開いたという選民意識が非常に強かったのです。アメリカという新大陸を侵略開発していったアメリカ人の伝統的な自負とアイデンティティーに合致することです。[13] あたかも神に委ねられたアメリカが天罰を下したような表現は、国民の選民意識をくすぐるレトリックでした。この宗教的、聖書的表現は、ローレンスが原爆を描写するときの特徴で、彼の記事の中で頻繁に登場します。次に見るように、三日後のトルーマン大統領のラジオ演説ではさらに直接的な表現で「神の負託」が強調されます。

五　ラジオ演説で偽情報と神性の強調

この大統領声明は配布されただけで読み上げられたものではありません。当時は遠く離れた洋上からのラジオ中継は技術的に不可能だったからです。帰国後のトルーマンが実際に国民に向けて原爆について話したのは、声明発表(配布)から三日後のラジオ演説においてでした。

そこでは、八月六日の声明ではふれられなかった重要な原爆神話が補強され(実線部分)、さらに原爆の開発と使用を正当化する偽情報が繰り返されました（二重線部分）。また、声明では間接的表現でしたが、ラジオ演説では原爆を使うことは神の導きであり、神がアメリカに託したことであると直截的に強調され、原爆攻撃に神性を付与しています（破線部分）。それでは、ラジオ演説の主要部分を紹介し、その後で声明と対比しながら演説を検証していきます。

トルーマン大統領　国民向けラジオ演説

わたしはベルリンから戻ってきたばかりです。〔中略〕建物は廃墟と化し、ドイツの経済も人々も崩壊状態にあります。〔中略〕ベルリンでの連合国巨頭会談は、ヨーロッパでの勝利後、初めてのものでした。当然のことながら、対日戦勝利の日について考えるときです。

英国、中国、そして合衆国政府は、日本の国民に対し、これから起こりうることについての適切な警告を与えました。連合国側は、日本の降伏の基本条件についても示しています。その警告は無視されました。条件は拒絶されました。その後、わが国の原爆がなしうることを日本人は目撃することになったのです。これから何が起こるのか、彼らはわかるはずです。

史上初の原爆は、軍事基地である広島に落とされたと世界史に残るでしょう。〔軍事基地に投下した〕理由は、民間人の死者を可能な限り避けることを願っていたからです。しかし、今回の原爆投下は、これから起こることのほんの警告にしかすぎません。日本が降伏しないのなら、日本の軍事工場に向けて何発も投下せざるをえず、不幸にして、何千もの民間人の命が奪われることになります。日本の市民に勧告します。工業都市部から直ちに退去するように、破壊から自らを救うように。

わたしは、原爆は悲劇的な結果をもたらすことを理解しています。原爆の製造も使用も、政府によって軽々しく決定され実行されたわけではありません。敵は原爆を開発しようとしていたことを、わたしたちはつかんでいたからです。敵は開発直前だったことも、把握しています。そして、もし敵が最初に開発してしまった場合、わが国、平和を愛する他のすべての国、人類の文明すべてにもたらされる大惨事についてもわたしたちは理解していました。このことが理由で、〔原子爆弾の〕発見と製造という長く、不確かで、費用のかかる苦難に立ち向かわざるをえないと思ったのです。

わたしたちはドイツとの開発競争に勝利しました。原爆を手にし、わたしたちは使いました。真珠湾を予告なしに攻撃したものに対して使ったのです。アメリカの戦争捕虜を飢えさせ、痛めつけ、処刑したものに、戦時国際法に従うふりさえも投げ捨てたものに対し使ったのです。戦争の苦しみに早く終止符を打つために、何千、何千という若いアメリカ人の命を救うために、わたしたちは原爆を使ったのです。日本の戦争遂行能力を完全に破壊するまで、原爆を使い続けます。日本の降伏以外に、わたしたちを止めることはできません。〔中略〕

〔原爆という〕重大な責任がわたしたちに課せられました。

その責任が敵の手にではなく、わたしたちの手にもたらされたことを神に感謝いたします。

神の導きにより神が意図されめざされることに従ってわたしたちが原爆を使えることを祈りましょう。〔後略〕

軍事施設を破壊した正当な行為

ローレンスが記者の経験を生かして起草した八月六日の「大統領声明」（以下、声明）と九日の「ラジオ演説」（以下、演説）の最重要目的の一つは、原爆の正当化です。日本が真珠湾攻撃で戦争を仕掛けた、そして、捕虜の虐待を行なった帰結が原爆であると演説でも繰り返されています。そして、「日本陸軍の重要基地」（声明）や軍需工場を狙って投下した理由は、「民間人の死者を可能な限り避け」（演説）、日本の戦争遂行能力を破壊するためであると、正当な軍事行動であることが強調されます。のちに繰り返し解説しますが、この「民間人の死者を可能な限り避け」というのは完全な偽情報です。

原爆の攻撃目標は軍事基地ではなく市内繁華街でした。これは「民間人の死者を可能な限り避け」ようとしたけれども偶然、人口密集地に落ちてしまったのではありません。原爆の最高政策決定機関は市民の死者を可能な限り多くするよう決定していました。都市の完全破壊と市民の殺傷を最大化することで原爆の威力を見せつけ心理的効果を最大にするためでした（五章六節で詳しく解説）。

この究極の非人道的な攻撃目標を提唱したのは、本書で取り上げるもうひとりの主役、ハーヴ

1-3　ハーヴァード大学長のジェイムス・B・コナント。1953年ごろ

ァード大学のジェイムス・B・コナント学長です。コナントは原爆神話の確立で重要な役割を果たしています。このことについては四、五章で詳しく述べます。

広島には軍の基地も軍需工場もありましたが、爆心地から離れていたため多くは無傷でした。約一四万人の犠牲者のほとんどは民間人だったことも、声明と演説は偽情報によるプロパガンダであることの何よりの証拠です。しかし、原爆は軍の施設を破壊し兵士を殺し、日本の戦争遂行能力を削いだ正当な軍事行動だと多くのアメリカ人は信じているのです。

また、まぎらわしい表現と偽情報によって、あたかも日本が原爆を手にする寸前だったような印象づけを狙った箇所があります。「敵は原爆を開発しようとしていたことを、わたしたちはつかんでいたからです。敵は開発直前だったことも、把握しています」という部分で、「敵」という言葉を複数形（enemies）で使っています。つまり開発直前だったのはドイツだけではなく日本も含まれているということです。また、ドイツが原爆開発に取り組んでいたことは事実ですが、アメリカはドイツ降伏（一九四五年五月）の半年前にはドイツは原爆の開発を断念していたことを把握していました（五章六節参照）。また、広島への原爆攻撃前にアメリカはドイツを占領していたわけですから、開発が失敗に終わっていたことを正確に知っていました。それにもかかわらず、「敵（ドイツと日本）は開発直前だったことも把握している」という虚偽を演説に織り込むことで原爆攻撃を自衛と正当化しているのです。

アメリカ国民の放射能への意識を消す

声明もそうでしたが、演説も原爆の放射能については一切ふれていません。ニューヨークタイムズが「初の原爆が投下された」と報じた一九四五年八月七日付の一面は、TNT火薬の威力に原爆の破壊力をたとえた声明をそのまま大見出しに使い、その後この言葉は原爆の枕詞になりました。他の多くの新聞も同じでした。アメリカ中に「原爆はTNT火薬二万トン」があふれかえったわけです。原爆は「通常兵器の延長」という理解は、放射能を意識にのぼらせることなく、「すさまじい爆弾」にすぎないという意識を植え付けたのです。[14]

これはメディア心理学、認知心理学で「フレーム効果 frame effect」と呼ばれるもので、ある特定の定義がマスメディアで繰り返し伝えられると、その定義の枠組み（フレーム）の中でしか人々は考えることができなくなる認知効果です。意識の枠組みの外にある事実、つまり放射能については意識にのぼらず、認知的には存在しないのです。

アメリカ政府・軍は、原爆が毒ガスのように「禁忌、タブー」「人道に反する罪」の一つとして理解されることを最も恐れていました。このことは現在でも続いています。核兵器が毒ガスや細菌兵器と同じように国際法で禁止されてしまえば、唯一使ったアメリカは「人道に反する罪を犯した国」となるからです。原爆が通常兵器の延長であると人々に植え付ける作戦は今も成功を維持しているというわけです。

この影響はいまだに続いています。核兵器 nuclear weapon は放射能汚染をもたらすことは今では誰でも知っていますが、同じ核兵器でありながら実戦で使われた原爆 atomic bomb には放射能という言葉が浮かばない、浮かびにくい（もしくは、意識的に避ける）アメリカ人がいまだに少なくありません（三節参照）。

原爆は人命を救った救世主

ここで覚えておいていただきたい演説の箇所があります。

戦争の苦しみに早く終止符を打つために、何千、何千という若いアメリカ人の命を救うために、わたしたちは原爆を使ったのです。

これまでは、声明と演説の情報隠蔽と虚偽について説明してきましたが、この文章には事実も含まれています。

まず、アメリカは原爆によって戦争を早く終結させる「目的があった」ことは、これまでになされた多くの歴史家や政治学者の公文書の分析から間違いない事実です。ただし、本当に原爆が日本を「降伏させたのか」は、多くの歴史研究者がソヴィエトの対日参戦こそが日本を降伏させた決定的な、あるいは、より大きな要因だとしています（六章神話②で詳述）。八月六日と九日の原爆攻撃後、すぐに日本は降伏したのだから原爆は日本に降伏を決断させたという主張がありますが、九日未明のソヴィエトの参戦が見逃されています。

そして原爆使用の目的は日本を降伏させるため「だけではなかった」ことです。むしろ、共産主義ソヴィエトを「手なずけるため」「おとなしくさせるため」だったのです。一九六〇年代以降、機密文書が徐々に公開されるにつれ、スターリンが約束していた八月一五日の対日参戦より前に原爆を使用し、ソヴィエト抜きで日本を降伏させ、そして、スターリンを萎縮させアメリカの言うことを聞かせようとトルーマン政権がこれを企んでいたことがわかっています。原爆という究極の武力を強制外交の切り札とする「原爆外交」を狙っていたのです[15]。他にも、真珠湾攻撃に対する恨み、日本人に対する人種差別的な極度の嫌悪、膨大な開発費をかけたことの正当化なども原爆使用を急いだ理由としてあります。以上のことは六章で原爆神話の解体とあわせて説明します。

さて、演説の名誉のためにもう一つの事実についても説明しましょう。「何千、何千という若いアメリカ人の命を救うため」に原爆を使用したというくだりです。原爆が正当化される理由の一つは、それによって日本を直ちに降伏に追い込んだことで、同じ年の一一月に予定されていた九州上陸作戦、また、翌年に計画されていた関東上陸作戦を回避できたため、上陸作戦で失われたであろうアメリカ兵の命を救った、というものです。

トルーマン演説では「何千、何千」の命を救うためにと原爆使用の理由が示されています。この数字は、のちに述べるように軍が推測した上陸作戦が実行された場合の米兵の犠牲者数とは大きな隔たりのないもの、つまり事実です。ただし、このくだりはアメリカ政府・軍にとっては「都合の悪い事実」でした。なぜなら、原爆による莫大な犠牲者数と、失われたであろうアメリカ兵の命の数が「数千」では釣り合わないからです。

原爆により救われたアメリカ人の命の数は、戦後、原爆を正当化する目的からどんどん膨れ上がっていきました。「一〇〇万人の死傷者を防いだ」「五〇万人の生命を救った」、揚げ句には「六〇〇万人のアメリカ人、そして、その何倍もの日本人の命」となっていき、原爆神話がさらに神々しさを増した結果、「救世主」とさえ称されるようになったのです（六章神話③、④で詳述）。

さて、声明では間接的表現でしたが、この演説では「原爆の使用は神の負託によるもの」ということが直截的に語られています。「重大な責任がわたしたちに課せられました。その責任が敵の手にではなく、わたしたちの手にもたらされたことを神に感謝いたします。神の導きにより神が意図されめざされることに従ってわたしたちが原爆を使えることを祈りましょう」

神に委ねられたアメリカが原爆という天罰を日本に与えた、すべては神の思し召しということです。声明と演説では選民意識に突き刺さる言葉が巧みに選ばれ、アメリカ人の原爆理解を方向づけていったのです。

六　あふれかえったローレンスの言葉

人類初の広島原爆攻撃の日にアメリカ戦争省が発表したのは、ここまで解説をしてきた大統領声明とともにスティムソン戦争省長官の声明、そして、原爆の研究開発製造、核分裂と連鎖反応、原爆の構造、爆発実験までを説明した記者発表資料など計一四にのぼりました。大統領声明はもちろん、記者発表資料のほとんどはローレンスが起草し準備したものです[16]。

ニューヨークタイムズも含めてすべての報道機関は、原爆に関するあらゆることを軍の発表に全面的に頼らざるをえませんでした。他の情報源は皆無だったからです。戦争省は声明文や報道資料以外にも「模範記事」を報道機関に提供しました。ほとんどすべてはローレンスが書いたものです。資料の提供を受けたぐらいで複雑な原子物理学と原爆についてまっとうな記事を書ける記者はいませんでした。「模範原稿」には筆者であるローレンスの名前は書かれておらず、報道機関は自分の会社の記者の名前を付けて掲載するよう奨励されました[17]。一刻を争う世紀のニュースです。報道機関には時間も選択の余地もありませんでした。ローレンスが書いたことを知っていたタイムズ紙でさえ、別の記者の名前を付けて模範記事を掲載しています[18]。

こうしてローレンスの「言葉」が、世界中の新聞とラジオ放送にあふれかえりました。政府・軍の発表がそのまま、しかも紙面の大半を埋め尽くしたことは、アメリカのジャーナリズム史上、例のないことでした。「宣伝電撃作戦 publicity blitz」と名付けられた、この情報空間を飽和させるプロパガンダ作戦は、史上例のない勝利を収めました。[19] その結果、人々の頭にある原爆のイメージ、知識、意見さえもローレンスが起草した大統領声明と記事や演説によって、方向づけられ固められたのです。[20]

今なお多くのアメリカ人の原爆の理解と意見は一九四五年当時とあまり変わっていません。原爆は善きものであり、神に選ばれた善き国民が、神に代わって善きことを行なったという原爆神話が根付いているからです。

七　原爆神話の拡張と信仰化

これまで書いてきたことは、情報操作・プロパガンダによる原爆神話形成の幕開けです。これからローレンス記者とニューヨークタイムズ、そして他の記者も一体となり、大統領声明の内容を裏打ちし、原爆を賞賛し、さらには放射能の影響はないとする独占記事を連発していきました。こうして情報操作はさらに組織化し、原爆神話はさらに拡張し、信仰にまでなっていきました。[21] タイムズ紙を舞台にした情報操作の実態を検証していきましょう。

長崎原爆攻撃の機上目撃記

ローレンス記者の原爆攻撃目撃記事がタイムズ紙一面に掲載されたのは一九四五年九月九日のことです[22]。本章の冒頭で紹介したくだり「哀れみや同情を誰が感じるだろうか」は、長崎に原爆が投下される直前の気持ちをこの記事に書いたものです。

記事の最初の部分で原爆に使用される核物質（長崎原爆で使われた放射性物質プルトニウムという言葉は使われていない）の放射能について取り上げています。「爆弾に取り付けられる前の原子物質をわたしは見ている。それ自体は、取り扱いにまったくの危険はない。ある条件においてだけ、核物質はエネルギーを放出するのだ」と解説しています。

その後、攻撃に向かったB29爆撃機の操縦士や乗組員全員をこと細かく出身地まで紹介しています。歴史を記すというニューヨークタイムズの社訓に沿い（三章五節参照）、原爆攻撃という任務をローレンスは歴史に記したわけです。そして、長崎に向かう途中の機内の様子が詳細に描写されます。乗組員の兵士から「原爆で戦争は終わると思うか」と尋ねられ、ローレンスは「この一発でうまくいく可能性は非常に高い。だめでも、次の一発かその次でだいじょうぶだ。その威力に長く耐えられる国なんてないからね」と返答したと記しています。

日本が近くなったとき、「これから四時間後、我々に対して向けられる戦争兵器を製造しているる日本のある都市が、人類がつくり出した最も偉大な兵器によって地図上から消し去られる」。

そして、こう続きます。
「〔原爆によって〕これから哀れな悪魔が死んでいくことに、哀れみや同情を誰が感じるだろうか。真珠湾攻撃を思い起こせば、感じるはずはない」

だまし討ちの真珠湾攻撃に対する〔正当な〕原爆攻撃という記事中の関連づけは、自らが起草したトルーマン大統領の声明とラジオ演説に共通するローレンスのレトリックです。その後は長崎に向かうまでの緊迫した機内の様子が描かれます。

そして、爆発の瞬間、立ち上る火の柱、きのこ雲がまるでカラー映像を見るかのように描写されていきます。「日中の光で明るい機内が強烈な光で満たされ、溶接工の使う色の濃いレンズを通して巨大な光が入ってきた」。最初の閃光の後にゴーグルをはずしてからも、「青緑の光は空全体を染めていた」、そして、「強烈な衝撃波が四回立て続けに機体を揺さぶり、それはまるで、砲弾を全方向から浴びたようだった」と書いています。

原爆の爆発によって立ち上る炎について、爆撃機最後部から目撃した乗組員の証言を引用し、「巨大な火の塊があたかも地球から湧き上がるように昇り、極大な白い雲の輪を噴き出していた〔中略〕そして、巨大な紫色の炎の柱が一万フィート〔約三千メートル〕の高さに猛烈な速さで空に昇っていった」。その後は、立ち上り続けるきのこ雲を克明に描写して、「二〇〇マイル〔約三二〇キロ〕離れたところからも、きのこ雲の形を見ることができた」と記事を結んでいます。

このローレンスによる世紀の独占目撃記事は真珠湾攻撃を理由に原爆攻撃を正当化しただけで

はありません。原爆で抹殺される人々に対し「同情など感じない」と当時多くのアメリカ人が根に持っていた復讐心と嫌悪の本音を吐露し共感を得たのです[23]。

この記事が掲載されたのは長崎原爆から一カ月が経っています。この目撃記事も、これから読み解いていく連載記事も、タイムズ紙が掲載する日を決めたのではありません。対抗情報策（カウンターインフォメーション）のため、この時期に合わせて戦争省が掲載を許可したものだったのです。

八　ローレンスによる原爆の公式記録

長崎原爆攻撃目撃ルポの掲載から約二週間後の九月二六日、原爆の開発から広島・長崎への攻撃までを時間の流れに沿って記したローレンスによる一〇回の連載がタイムズ紙で始まりました。これも政府が事前に検閲して都合の悪い部分は修正・削除され、さらには虚偽情報が交ぜ込まれています。しかし、このローレンスの連載記事が「原爆開発と使用の公式歴史記録」であるとともに「真実」になりました。

ローレンスによる「公式歴史」の内容を検証しましょう[24]。全一〇回の連載記事は三二段落で構成されています。そのうち、放射能について「ふれた」のはわずか六段落だけでした。原爆の最大の特質であり、他の兵器と厳然と分け隔てる「放射能」という言葉は連載記事に散在しているだけです。原爆によって放出された放射能による広島と長崎の市民への影響についてはもちろん、進駐している連合軍兵士への影響についても、何もふれていません。放射能と原爆は不可分であることをローレンスは誰よりも知っていたのに、あたかも別のもののように表現されています。

連載一回目は一面掲載でした[25]。放射能については一切の言及はありません。二回目は史上初の原爆の爆発であるトリニティー実験について記されています[26]。爆発後に放射能の測定が行われたことが八段落目に書かれています。しかし、測定があったことだけ書かれ、はるかに重要な測定値については報じられていません。実験場所の近くでは徹底した防護対策が取られ、また、予想を超えた放射性降下物が住民の住む場所にまで及ぶ場合には、一帯に戒厳令を敷くことまで決められていたにもかかわらずです。もちろんローレンスはすべて知っていました。

たとえば連載二回目では、実験爆心地（グラウンドゼロ）での土砂採取の際には、研究者は鉛を張り付けた戦車の中から外に出ることなく採取できる遠隔操作器具を使ったことを記事にしています。現在では多くの人が知っている放射能を遮断するための鉛についての説明は何もありません。爆心地における残留放射能の測定値についてはもちろん、そもそも残留放射能について何も語ることなく記事を締めくくっています。

原爆の開発、政策決定、攻撃までを時系列で包括的に記録した記事でありながら、意図的に報じなかったのは放射能についてだけではありません。原爆攻撃の政策決定についても、異論は何もなかったように報じています。実際には原爆使用以外の選択肢はいくつもあったにもかかわらず、また、都市中心部の人口密集地への攻撃に対して反対があったにもかかわらず、ローレンスは正当化の理由に聖書の文言を織り交ぜ、あたかも神の負託を受けた行為のように描写し読者の心をくすぐります。(27) そうした描写を連載一、二回目から抜き出してみましょう。

ドイツとの核兵器開発競争はほんの始まりにすぎず、本土決戦で命を落とすことになったかもしれないアメリカ兵の命を救うために、「グランドフィナーレ」として原爆は日本に投下された。

何百マイルもの彼方の地と空を照らす宇宙の炎は、聖書の物語である、壁に書かれた文字の現代版が日本人と将来のすべての侵略者に対して下された。あのものは秤《はかり》にかけられ、不足していることがわかった。

最強の力を持った稲妻は、何千ものわが軍の兵士たちの命のためであり、戦争の早期終結である。

旧約聖書ダニエル書では、「神が（堕落した）王国存続の日数を数え、それを終わらせた」と書かれた文字が壁に現れます。続く物語では、「秤にかけられ不足していることがわかった」、つまり、神が審判（秤）にかけ王国は存続に値しない（不足している）と判断した、つまり滅ぼしたということです。日本を当てはめて言い換えると、「神は日本の存続を審判にかけられ、存続させるに足らないと判断され滅ぼした」ということです。

アメリカが原爆開発を成功させて宇宙の力をその手にし、神の領域の偉業を達成し、神によって日本に罰が下されたという物語は、国民の自尊心と信仰心をどれほど満たしたか想像がつくと思います。また、原爆がどのように開発されたかについて当時は誰も知らなかったわけですから、この連載記事＝原爆公式記録の関心の高さはわかると思います。原爆の公式記録でしたが、原爆が放出する放射能とその影響についてはほとんど記されていません。

この連載記事は、軍との「契約」で全米の新聞に無償提供されました。また、この記事は子供向け教材と一般の大人向け読み物として再編集され、タイムズ社が販売をしています。

ほとんど報じなかった放射能

何度も繰り返しますが、通常兵器と異なる原爆の唯一の特質は放射能です。「人類の偉業」「神の力」「宇宙の力を手に」という大仰な表現は、原爆をほめそやす修辞にすぎません。すでにわかっていた放射能の人体への深刻かつ致命的な影響こそ、ジャーナリストとしてはっきりと伝えなければならなかったことです。しかし、ローレンスの連載が伝えた内容はアメリカ政府の都合に完全に沿ったものであり、ジャーナリストとしての責任放棄に他なりません。その理由を説明しましょう。

この連載記事が掲載されたのは戦争が終わり一カ月以上も経ち戦時中の情報統制と検閲は解除され、アメリカ憲法で保障された報道の自由が戻っていたときです。アメリカにおいて言論と報道の自由が持つ重みは日本の比ではありません。のちに述べますが、大統領や軍による原爆報道に対する協力要請はありましたが、あくまでも「要請」でした。軍による記事の削除や修正要請に対して、ローレンス個人として拒否できたはずです。

ジャーナリズムの責任放棄については、ローレンスだけを責めるわけにはいきません。これから説明するように、ジャーナリズムの模範であると見なされているニューヨークタイムズも同罪なのです。ローレンスとは無関係の記事も、タイムズ紙の他の記者が独自に書いた記事も、ローレンスと同じように原爆の全面肯定と放射能の完全否定をして原爆神話の形成に貢献していました。

実際の記事を検証することで、タイムズ紙が果たした原爆神話づくりを見ていきます。

九　タイムズ紙の原爆報道

原子爆弾の使用を世界に告げたトルーマン大統領の声明発表翌日の一九四五年八月七日、世界

"All the News That's Fit to Print"

The New York Times.

LATE CITY EDITION

VOL. XCIV..No. 31,872. NEW YORK, TUESDAY, AUGUST 7, 1945. THREE CENTS

FIRST ATOMIC BOMB DROPPED ON JAPAN; MISSILE IS EQUAL TO 20,000 TONS OF TNT; TRUMAN WARNS FOE OF A 'RAIN OF RUIN'

HIRAM W. JOHNSON, REPUBLICAN DEAN IN THE SENATE, DIES

Isolationist Helped Prevent U. S. Entry Into League—Opposed World Charter

CALIFORNIA EX-GOVERNOR

Ran for Vice President With Theodore Roosevelt in '12 —In Washington Since '17

Jet Plane Explosion Kills Major Bong, Top U. S. Ace

Flier Who Downed 40 Japanese Craft, Sent Home to Be 'Safe,' Was Flying New 'Shooting Star' as a Test Pilot

KYUSHU CITY RAZED

Kenney's Planes Blast Tarumizu in Record Blow From Okinawa

ROCKET SITE IS SEEN

125 B-29's Hit Japan's Toyokawa Naval Arsenal in Demolition Strike

REPORT BY BRITAIN

'By God's Mercy' We Beat Nazis to Bomb, Churchill Says

ROOSEVELT AID CITED

Raiders Wrecked Norse Laboratory in Race for Key to Victory

Steel Tower 'Vaporized' In Trial of Mighty Bomb

Scientists Awe-Struck as Blinding Flash Lighted New Mexico Desert and Great Cloud Bore 40,000 Feet Into Sky

NEW AGE USHERED

Day of Atomic Energy Hailed by President, Revealing Weapon

HIROSHIMA IS TARGET

'Impenetrable' Cloud of Dust Hides City After Single Bomb Strikes

1-4　ニューヨークタイムズ1945年８月７日付１面の見出し部分

中の新聞は原爆を超特大の一面記事で報じました。(28) ニューヨークタイムズ一面の「ぶち抜き」の見出しは、声明で使われた「原爆の破壊力を通常兵器にたとえる」レトリックがそのまま使われています（記事の見出しは太字で表記。以下同）。

初の原子爆弾が日本に投下された
二万トンのTNTに匹敵する飛来兵器
トルーマンは敵に対して「破滅の雨が降る」と警告

続く記事本文では、原爆の破壊力はB29爆撃機二〇〇〇機、世界最大の爆弾の二〇〇〇倍以上であると、より具体的に通常兵器に置き換えられて伝えられます。原爆の最大の特徴であり最も伝えるべきことである放射能については、ふれられていません。あたかも存在しないかのようです。

ドイツのポツダム会談から帰国中で大西洋上だったにもかかわらず、記事はあたかもトルーマンが読み上げたように、「声明はトルーマン大統領により厳粛に世界に発表された」と書かれています。本人不在のホワイトハウスで紙の声明文が配布されたと伝えてしまうと、劇的な雰囲気に水をさすことになると忖度された結果でしょう。厳密にいえば、虚偽情報です。

記事では、広島は「重要な軍事基地」であることが声明以上に強調され、原爆攻撃が正当化されていきます。記事の三段落目で「一発の原爆を日本の都市、広島に投下した。重要な陸軍基地である」とし、記事の中ほどで広島についての説明が入ります。

地球で最初の「宇宙爆弾」〔Cosmic bomb　コスミックボム〕の標的となった都市である広島は、人口三一万八〇〇〇人、その都市は、いやかつては重要な兵器補給廠〔倉庫〕であり、また、積み出し港であった。巨大な軍補給廠であったことに加え、主として大砲、戦車、また、機械、さらには航空機の軍備部品などの軍需品を製造する都市だった。

広島は一般市民の暮らす都市であること、標的は都市の中心部であったことは何も書かれていません。そして、広島が軍事基地であることを再度強調した直後に、「トルーマン大統領は、日本に対し「まだ終わってはいない」と厳粛に伝えた」と、これからも軍事基地が破壊されることを示唆しています。その後も、軍事基地を狙った正当な爆撃であること、人類が想像もできなかった破壊力を手にしたことが記事では繰り返し強調されています。しかし、放射能については原爆報道初日も、翌日も、一切報じられません。

原爆報道が世界に衝撃を与えたこのころ、ローレンスは原爆搭載爆撃機B29の出発地である太平洋のティニアン島にいました。もちろん、記者は彼ただひとりでした。広島への原爆攻撃に同行することがかなわず、二回目の出撃を待っていたところです。広島原爆直後のタイムズ紙面にローレンスの署名記事は掲載されていませんが、記事の多くは彼が書いたものです。署名記事はなくても、彼の特徴的な描写はタイムズ紙の原爆報道をローレンス色に染めています。原爆は全能の神のみに許されたこと、その原爆をアメリカが手にし、全能の神に託されて使用した——アメリカ人の選民意識をくすぐり、原爆の絶対的な肯定を国民に伝えたのです。

一〇 放射能の否定記事だけを掲載

広島、そして長崎への原爆攻撃を報じた一九四五年八月七日から一一日までの五日間に、ニューヨークタイムズ紙は原爆に関する記事を一三二本掲載しています。[29]放射能の影響について報じているのはそのうちのわずか一本だけです。しかし、それは「放射能の影響を否定」する記事でした。[30]八月九日付の放射能否定の記事の見出しです。

原爆の七〇年間の影響を否定

すこし複雑になりますが、この記事について背景とともに説明しましょう。広島で原爆が使用された翌日、衝撃的なニュースが駆け巡りました。マンハッタン計画に関わっていたコロンビア大学のハロルド・ジェイコブソン Harold Jacobson 博士の「今後七〇年間、広島の廃墟に足を踏み入れることは危険である。なぜなら、危険な放射能がその間残留するからだ」という主張を紹介する記事が、通信社ハースト The Hearst News Service から世界に配信されたのです。「原爆の標的は七〇年間、死に満たされる」という見出しは全米にあふれました[31]。

この記事が伝えた内容はこうです。広島にこれから住む人、そして、足を踏み入れるだけの人も、二次的に放射能に汚染され、白血病患者のように死んでいく。雨は致死的な放射能を吸収し、それが川と海に流れ込む。そして、水中の生物を全滅させる[32]。八月八日付の大手新聞系列であるハースト系の新聞の多くは一面に掲載しました。ワシントンポスト *The Washington Post* も掲載しています。

しかし、タイムズ紙はこの通信社記事を掲載せず、八月九日、この「ボツ」にした記事の内容を否定する記事「原爆の七〇年間の影響を否定」を独自に作成して掲載しているのです。つまり、重大なニュース価値のある残留放射能とその影響を伝える記事を無視していながら、タイムズ紙はそれを否定する記事を独自記事として掲載したということです。

たしかに残留放射能の致死的な危険が七〇年間続くという主張は事実誤認だったのでしょう。しかし、ある一定期間内は人体に危険な、あるいは致死的な程度の放射能が原爆で破壊された街に残留していたことは否定しようがありません。原爆から一五日目までに爆心地から約二キロ以内に入った人を「入市被爆者」として日本は認めています。また、本章の八節で書いたように、一九四五年七月の原爆実験後、アメリカ軍は鉛を張り付けた戦車から遠隔操作で爆心地の土を採取して残留放射能を計測しています。残留放射能の存在は軍も科学者も、原爆が開発されるずっと前から知っていました。

この残留放射能全面否定の記事は、マンハッタン計画の科学責任者であるロバート・オッペンハイマー J. Robert Oppenheimer 博士による反証の所見を紹介するものでした。研究開発の最高責任者というこれ以上ない権威を登場させて完全否定することを狙った戦争省の対抗情報策です。記事が伝えた所見です。

我々が行なったすべての実験から、また、ニューメキシコでの原爆実験の結果から、広島上空で爆発した原爆によって感知できるほどの放射能が地上に残っていると考えられる理由はまったくない、わずかなものがあったとしても急激に崩壊する〔＝無害になる〕。

また、この記事は戦争省の「原爆についてあらゆる段階を研究してきた研究者の意見では、こうしたこと〔危険な残留放射能〕はありえない」という声明も掲載しています。残留放射能の影響を完全否定する本文に続けて、ジェイコブソンは発言を撤回した（撤回させられた）こと、そして、彼の謝罪声明を報じています。その要旨はこうです。

・わたしはマンハッタン計画では重要な役割を果たしていない。
・七〇年間の残留放射能については個人の意見であり、機密情報ではない。
・研究開発に関わった著名な科学者の残留放射能に対する意見と自分の意見には食い違いがあった。
・原爆が爆発した後に微量の放射能はあったがすぐに消え去ったという七月の原爆実験の結果を知り、驚くとともに満足している。
・アメリカにおける核エネルギーの製造は慎重に計画され効果的な安全対策が取られているため、従事する職員に何も危険はないと理解している。

七〇年間の残留放射能のニュースが流れた直後、ＦＢＩ（連邦捜査局）をはじめアメリカ政府機関はジェイコブソンを諜報活動取締法違反容疑で尋問取り調べを行なっています[33]。重罪容疑です。謝罪声明は、尋問の後で発表されたものです。どういう経緯でジェイコブソンが原爆の安全性を訴える謝罪声明を出したのでしょうか。なぜタイムズ紙は残留放射能の存在を訴える記事は無視しておいて、それを否定する記事だけを大々的に報じたのでしょうか。

一一　政府とタイムズ紙の共謀

なぜニューヨークタイムズは放射能の影響を否定する記事を掲載し続けたのか。当時は新聞社の誰もが放射能の影響を知らなかったのではないか、タイムズ紙は安全保障上の配慮からこのニュースを掲載せずに、放射能の影響を否定する報道をしたのではないか、二つの疑問が湧くと思いますが、それらについて考えてみましょう。一つ目の放射能の影響の知識の有無ですが、ローレンス記者個人は原子物理学に関する専門家並みの知識を持ち合わせていました。当然、放射能の人体への影響は知っていました。

タイムズ紙も放射能の人体への影響は十分理解していました。このことは、同紙の報道が証明しています。原爆が開発される二〇年以上前の一九二〇年代から、タイムズ紙は放射能による被害について社会に警鐘を鳴らす報道をしていたのです(34)。一例を挙げましょう。

当時の時計の文字盤の夜光塗料には放射性物質のラジウムが混ぜられていました。夜光塗料を塗る従業員に咽喉癌《いんこう》や原因不明の深刻な病気が頻発していました。従業員は、夜光塗料をしみ込ませた細い筆の毛先を自分の唇を使って細くして文字盤に塗り込んでいたためです。この放射能による人体への被害の実態について、タイムズ紙は政府を批判する報道を続けました。こうした権力におもねることなく事実を伝え続ける報道の積み重ねによって、タイムズ紙は信頼と名声を獲得していました（三章五節参照）。

また安全保障上の配慮の有無ですが、ニュースが流れたときは戦争中だったことから、日本との全面戦争が終わっていない段階で、日本を利することにもなりかねない放射能の深刻な影響について報道を自粛することは理解できます。しかし、ワシントンポストをはじめ全米の多くの新聞は「七〇年続く放射能」を読者に伝えているのです。どう理解すればいいのでしょうか。

次章で詳しく説明しますが、戦争が終わってから後もタイムズ紙は放射能の存在や影響を無視、矮小《わいしょう》化、そして否定する報道を続けています。タイムズ紙の報道姿勢はその後一貫してこうでした。他のメディアが原爆放射能の影響を肯定する報道をしてもタイムズ紙は報じず、一方で否定する記事は掲載してきたのです。

タイムズ紙は新聞社として組織的に政府の要請に従い、あるいは、政府の意向を忖度して、放射能の影響を隠蔽してきたと思われます。その可能性について検証してみます。

ローレンス記者を原爆の公式歴史記録者として、また、軍の情報操作の主役として「提供」することを認めたのは当時のニューヨークタイムズ社主アーサー・ヘイズ・サルズバーガー Arthur Hays Sulzberger と編集の最高責任者である編集主幹エドウィン・ジェイムス Edwin L. James です。タイムズ紙のトップとナンバー2です。軍との取引を知っていたのは二人だけで、編集長のターナー・キャトレッジ Turner Catledge ですらローレンスが編集室から突然いなくなった理由を知らされていませんでした。

原爆が初めて実戦使用される直前、戦争省はタイムズ紙に事前の情報提供と「報道協力要請」を示唆しています。[35] 時系列でたどっていきましょう。重大な知らせがあるので至急ワシントンに「誰かを派遣してほしい」という連絡が戦争省からキャトレッジ編集長に入りました。休暇中だったサルズバーガー社主はこのことについて連絡を受けると、すぐに「それ」であると悟りました。キャトレッジは「それ」が何であるかを知らず、他の誰かをワシントンに送ろうかと社主に相談すると、「だめだ、そんなことはするな。自分で行ってくれ」と指示を受けたのです。[36]

ワシントンでキャトレッジを迎えた原爆開発司令官のレスリー・グローヴス Leslie R. Groves 少将は、ニューメキシコ州のアラモゴードで「それ」は実験に成功したこと、そして、「それ」を軍事作戦で使うときが近づいたと、こう告げました。

「あなたを今日呼んだ理由は、タイムズ紙から科学記者をお借りしているからだ。〔中略〕我々は少しばかり借りを感じている。そういう理由で、あなたにちょっとした便宜を図りたいと思う。おたくの新聞紙面をかなり空けておいていただきたい。重要なニュースに万全に備えておいてほしい。ここワシントンにいる〔タイムズ紙の〕記者を選んで、それの担当をさせてもいい」

グローヴスによる秘密作戦の説明に驚愕したキャトレッジは、ワシントン支局の記者を二四時間待機させ、ニューヨークに戻るとすぐに臨戦態勢に入りました。本社では科学記者〔ローレンスとは別の人物で、ワルデマール・ケンプファート Waldemar Kaempffert）が理由を告げられずに休暇から呼び戻され、そのときに備えていたのです。

こうしてタイムズ紙だけが万全の備えをして広島の原爆攻撃の発表に対応できたのです。またタイムズ紙は別の便宜も図られていました。

終戦直前、つまり天皇の玉音放送直前の一九四五年八月一四日（日本時間一五日）、サルズバーガー社主はホワイトハウスにゲストとして招かれていました。トルーマン大統領はサルズバーガーにこう語りかけています[37]。

「わたしはすべてのアメリカ人がやっていることを行なっている。戦争がついに終わるというニュースを待っている」。日本は降伏するという特ダネをトルーマンはタイムズ紙に提供したのです。

八月一四日という重要な日に（アメリカ時間では日本が降伏した対日戦勝日）、サルズバーガーがホワイトハウスに招かれた理由は、戦時中の「協力的な」報道とローレンス記者の提供に対する謝意があったものと推測できます。ただ、このとき、トルーマンが直接タイムズ社主に対して、原爆の放射能について「協力的な」報道を要請したという記録はありません[38]。

しかし、この特ダネのリークは戦後も「協力的な」報道に期待していることのトルーマンからの意思の表示であり、また、サルズバーガーもこのように受け止めた可能性はあります。

ある日を境に、軍による原爆放射能の隠蔽工作、情報操作が劇的に強化され、それに完全に歩調を合わせるようにタイムズ紙の放射能に対する論調も変わりました。タイムズ紙の社主や編集主幹による何らかの「政府に協力的な報道をする」ことの指示、具体的にいえば「放射能否定」の指示があったのではないでしょうか。

「ある日」とは、原爆の放射能の影響をスクープした記事が世界に衝撃を与えた一九四五年九月五日です。

第二章

放射能否定

一転したタイムズ紙報道

原爆投下後の広島上空から
（Harry S. Truman Presidential Library & Museum 98-2459）

一　世界的スクープ「原子の疫病」の衝撃

一九四五年九月五日、広島に忍び込むように現地入りしたオーストラリア人記者、ウィルフレッド・バーチェット Wilfred Burchett によるスクープ「原子の疫病」がイギリスのロンドン・デイリー・エクスプレス *London Daily Express* の一面に掲載されました。[1] 見出しはこう訴えます。

三〇日後の広島
まぬがれた人々が死に始めている　原子の疫病による被害者
世界への警告としてわたしはこの記事を書く
治療中の医師は倒れる　毒ガスの恐怖

バーチェットが、そしてエクスプレス紙の編集者が放射能障害を〔放射性〕「毒ガスの恐怖」としたことは、当時原爆のことについて一般には正確に理解されていなかったため、しかたがないことでしょう。この瑣末な事実誤認を除けば、この記事が伝えた広島の実態はまさに真実を伝えるジャーナリズムを体現しています。

バーチェットの記事を一部紹介しましょう。

人々は理由もわからずひどい状態で亡くなり続けている。爆破では負傷しなかった人々が、原子の疫病としか表現できない何かによって死に続けている。〔中略〕わたしはこの事実を、世界への警告となるよう可能な限り私情を挟まずに書き記す。〔中略〕

数々の病院では、原爆が投下されたときにはまったく何もけがをしていなかった人々が、今になって次々と不可思議な後発性の症状で亡くなっているのをわたしは目撃した。

何もはっきりした理由がないまま、人々の健康は悪化し始めている。人々は食欲を失っている。人々の髪は抜け落ちている。青い斑点が体に現れている。そして、耳、鼻、口から出血が始まっている。

最初は通常の衰弱による症状と診断したと、ある医師はわたしに話してくれた。この医師は患者にビタミンAを注射した。結果は悲惨だった。注射針を指した穴から肉が腐り始めたのだ。そして、どんな処置をしても患者は死んだ。

アメリカでは終戦翌日の八月一五日（日本時間一六日）、トルーマン大統領が戦時検閲の撤廃を宣言して報道統制は公式には終わっていました。しかし、原爆に関しては、記事、写真、すべての情報は軍による事前検査が義務づけられていました。さらに、八月三〇日に日本に降り立ったダグラス・マッカーサーDouglas MacArthur元帥は独自の権限で広島と長崎への記者の立ち入りを禁止していました[2]。理由は原爆の実態が報道されないようにするためです。さらに、爆撃で日本中の鉄道網は機能していないと占領軍は発表していたため、自分で確かめることをしなかった連合国の記者は広島までの交通手段はなく原爆の実態について報じることは不可能だとあきらめていました。

「原子の疫病」が掲載される前の九月二日、東京湾に浮かぶ戦艦ミズーリ上で日本の降伏文書調印式が行われました。マッカーサー、そして連合国と日本の全権代表による調印式は、長い第二次世界大戦に終止符を打つという「歴史的な」ニュースでした。数百人いた連合国の記者団はこぞってミズーリに向かったのです。

記者魂で広島に忍び込む

バーチェットは違いました。沖縄で原爆のニュースを聞いたときから、ジャーナリストとして広島の取材を決心していたと自伝に記しています[3]。ジャーナリストとして原爆の「歴史」ではなく、原爆によってこれから起こる「未来」のことを伝えたいという決心でした。しかし、敗戦から二週間あまりの時期に、白人のバーチェットがどうやって広島までたどり着き、取材までできたのでしょうか。

記者の勘からバーチェットは東京の同盟通信社[4]に出向いて手がかりを探りました。「広島には記者は誰も行っていない」「誰もが死に続けている」という話を外信部の記者から聞き、バーチェットは決心を固めました。広島の真実を取材したいという敵国の記者の意気を感じた敗戦国の記者が協力を申し出たのです。この日本人記者は、広島に行く列車を調べ、切符を手配し（同盟通信社広島支局の記者に進駐軍配給食糧とタバコを運ぶという交換条件）、そして、広島支局からバーチェットの原稿をモールス信号で東京に送信することを求める紹介状を提供しました。

幸運は続きました。横浜にあった臨時の連合軍取材本部でバーチェットは共に戦場を取材してきた「戦友」ヘンリー・キース Henry Keys と再会したのです。この友人が広島から東京の同盟通信に届く記事を、バーチェットを派遣したロンドンの新聞社に転送することを約束したのです。

降伏文書調印式の九月二日未明、バーチェットを迎えに進駐軍の広報官がホテルの部屋にやってきました。彼はひどい下痢のためベッドから起き上がれず、残念ながら「歴史上最も偉大な出来事の一つ」を見逃さざるをえないとキースが広報官に伝えました。戦友と一芝居打ったのです。こうして、進駐軍が降伏文書調印式に人手を取られている九月二日早朝、バーチェットは東京から広島に鉄路で向かいました。[5]

降伏調印式の翌日の九月三日、バーチェットが広島で取材をしているとき、アメリカ軍（陸軍航空軍）に協力的な記者一行も広島入りしています。ニューヨークタイムズやAP通信社といったアメリカの主要メディアの記者やカメラマンでした。(6)

偶然にもバーチェットは、公式取材記者団の何人かと爆心地近くで出会っています。よりによって「オーストラリア人の」バーチェットが独力で広島入りして自由な取材をしていることに対して、記者団は「先を越された」と見るからに不愉快そうだったと彼は記しています。(7) エリート記者たちは、これまでの軍に対する協力的な報道のご褒美として連合国記者として「初めて広島入りし、「スクープ」できる」ことを約束されていたからです。

記者団は常時、軍幹部に付き添われ、連れて行かれ見せられたものはほとんどが原爆の破壊力（だけ）を示すところでした。バーチェットは記者の一人に「病院に事実がある」と伝えますが、関心なさそうに肩をすくめただけでした。実は、記者団一行のうち、少なくともタイムズ紙記者は、瀕死の被爆者であふれた病院に立ち寄って原爆の実相を目撃しています。しかし、記事には書いていないのです。このことについては、タイムズ紙と軍との共謀として次節で述べます。

その夜、広島の同盟通信記者の協力を得て、バーチェットは記事を（当時すでに骨董品的な通信機器だった）モールス信号で東京の同盟通信に送りました。ここからも戦友キースのジャーナリスト魂のおかげで取材本部の抵抗を乗り切り、「原子の疫病」は連合軍取材本部の送信施設によってロンドンまで打電されたのです。(8)

◇

エクスプレス紙は当時イギリスで最も発行部数の多い影響力のある新聞でした。編集局も「世界への警告として書く」というバーチェットの意気に感じたのか、一面掲載だけではなく、世界中の新聞に無償で再掲載を許可するという英断を下しました。そして、世界中に、とりわけアメリカ政府・軍に衝撃を巻き起こしたのです。

タイムズ紙は、黙殺しました。[9] タイムズ紙だけを責めるわけにはいきません。現時点で判明している限り、アメリカでバーチェットのスクープを報じた新聞はありません。[10] 先ほど「世界中に衝撃」と記しましたが、正しくはアメリカの一般市民を除く世界に衝撃を与えたと言い換えなければなりません。

二　タイムズ紙の広島報道

バーチェットの取材と出くわした広島公式記者団の一人は、ニューヨークタイムズの記者、ウィリアム・H・ローレンス William H. Lawrence でした。苗字の綴りは異なるものの「同姓同名」のタイムズ紙記者で紛らわしく、バーチェット自身も広島で出会ったローレンスは軍と裏取引をして原爆開発と攻撃まですべてを目撃したウィリアム・L・ローレンス William L. Laurence

と勘違いして著書に記しています。タイムズ社内でもよく間違われるため、L・ローレンスは「アトミック・ビル」と呼ばれていたことはすでに記したとおりです。

さて、広島を目撃したH・ローレンスが書いた記事を見てみましょう（以後、アトミック・ビルを「ローレンス」とし、別のローレンスを「H・ローレンス」）。バーチェットの「原子の疫病」と日付は同じ九月五日のタイムズ紙一面「広島訪問」記事です。[11] 見出しはこう伝えています。

広島を訪問、世界で最も破壊された都市だった
原爆によって四平方マイル〔約一〇平方キロ〕が完全破壊
一日に一〇〇人亡くなっているという
我々に対する憎しみを感じた

同じ九月三日に広島を取材し、掲載日も同じ九月五日だったバーチェットの「原子の疫病」と、タイムズ紙のH・ローレンスの「世界で最も破壊された都市」では、見出しを読むだけで記事が読者に伝えようとしている「主題」が異なっていることがわかります。独力で東京から広島入りし自らの足で一日かけて病院など被爆者が苦しむ現場を取材したのがバーチェットです。一方、H・ローレンスは、軍が記者団に提供した爆撃機で広島県呉市の空港に降り立ち、進駐軍の軍用車で広島に案内され将校に付き添われて二時間に満たない滞在で破壊の現場を見てまわりました。

彼の記事はこう始まります。

完全に破壊され瓦礫《がれき》の山となった広島では、原爆はいまだに一日に一〇〇人の命を奪っている。そこは、宇宙の力を破壊力に結び付ける秘密兵器が八月六日に初めて使われた場所だ。わたしはこの歴史的な爆撃の場所を訪れた最初の外国人の一人である。死臭に満ちた通りを二時間近く歩いてまわった。生存者か犠牲者の家族なのだろうか、彼らは口にガーゼをあてがい瓦礫の中の死体や家財道具を探し回っている。

見出しにも使われた「一日に一〇〇人」が死亡している原因についての説明は何もなく、続く段落では「ここは世界で最も破壊された場所だ。ヨーロッパで記録的な破壊となったワルシャワやスターリングラードよりもひどい」と記事の主題の原爆による破壊の話に移ります。記事の大部分は、軍によって説明された原爆による構造物の破壊状況が占めています。

ただ、通常兵器とは異なる原爆に特徴的なことについて、H・ローレンスは日本の医師の話を引用し「医師は記者団にこう語った。爆風によって軽症だけだった何人もが、白血球が八六パーセントも減少し、一〇四度〔摂氏四〇度〕の高熱となり、髪が抜け始め、吐血があり、そして亡くなった」と原爆の特異性を報じています。しかし、この深刻で重要な医師の証言に対する追加的な情報は何も提供されていません。この証言の直後の文で、「原爆は晴れ渡った午前八時一五分に投下された」と突然話題が変わっています[12]。

これ以外にも、医師による放射能の影響を暗示する聞き取りの証言が紹介されています。しかし、「継続する影響」や「有害な影響」と表現されただけで、「放射能」という言葉とは結び付けていません。放射能について言及があるのは記事の終盤になって登場する日本海軍の軍医の話の引用です。「原爆で出た放射能によって〔中略〕子供をつくれなくなるという報告を信じていると彼〔医師〕は語った」。この証言に続けて、白血球の減少について「この医師は、破壊された街に数時間滞在することによる影響はないと語った」と、影響を軽んじる話を紹介しています。

そして最後は、アメリカの栄光と偉業を称える文章で記事を結んでいます。「ここはまさにアメリカの技術と科学の類いまれな才能が、飛行機の発明、特にB29超空の要塞、そして、原子爆弾の発明を通して戦争で花開いた場所である」

バーチェットの記事と比べると、H・ローレンスの記事は放射能による影響と思われる被爆者の症状を示唆的にしか伝えていません。ただ、軍が主張する原爆の炸裂と爆風による死者だけではなく、わずかながらでも原爆後の継続的な影響について報じています。放射能の影響の可能性についても、日本人医師の証言を記事で伝えています。バーチェットの記事と同じ日に掲載されたため、この時点では軍による本格的な情報統制は始まっておらず、すでに出されていた原爆報道への協力要請が徹底していなかったのです。

余談ですが、H・ローレンスも、また、記者団を案内した軍の情報将校も、バーチェットの記事が記者団の記事と同じ日（九月五日）に出るとは想像すらしていませんでした。進駐軍将校は、バーチェットが求めた記者団の軍用機に同乗することも、東京で待つキース記者に記事を届けることも拒否しています。勝手に広島の取材はできても通信手段の完全に破壊された広島から原稿を送る術などありえないと軍は考えていたのです。

◇

記者団のうち、少なくともH・ローレンスは重症の被爆者が収容された場所にも立ち寄り、放射能障害で死にかけている被爆者を取材しています。[13] 彼は自伝に「〔広島の〕複数の病院で〔in the hospitals〕死にかけた日本人に話を聴いた」と記しているのです。アメリカ人の記者として、敵に利することにもなる原爆の実態と放射能被害をはっきりと伝えたくなかったのでしょう。H・ローレンスも含めてアメリカ人の記者はなぜありのままに原爆を伝えることをしなかったのか。国益を優先しようとした愛国心や日本に対する敵愾心《てきがいしん》からだったのでしょう。

しかし、彼は放射能障害で瀕死の被爆者であふれた病院に立ち寄り、取材しているのです。軍がお膳立てしたご一行の一人だったとはいえ、大量虐殺兵器が人間にもたらした見逃しようのない惨状を伝えることはジャーナリストとしての使命であり、それ以前に人道的に必要なことでした。

三　軍の情報統制強化、検閲、そしてフェイクニュース

さて、ニューヨークタイムズの原爆報道に戻りましょう。バーチェットの「原子の疫病」の出た九月五日を境に、原爆報道は一変しました。その前からタイムズ紙には放射能の影響を報じる（もしくは影響を示唆する）記事はほとんどありませんでしたが、放射能の影響を「積極的に否定する」記事が掲載され始めたのです。また、後述するように、軍による対抗情報策（カウンターインフォメーション）、対抗広報作戦（カウンターパブリシティー）も本格化しました。都合の悪い情報を打ち消す情報操作のことです。

原爆報道が大きく変わった理由は、バーチェットの「原子の疫病」が世界に発信されたために軍による情報統制、隠蔽工作、検閲が本格化したからです(14)。その分岐点となった九月五日、マッカーサーは、すべてのアメリカ人記者を取材本部のある横浜に隔離する命令を出しました。同時に、主要駅や交通の要衝に進駐軍兵士を配備し、連合国記者が広島や長崎にひそかに行くことを防ぎました。原爆による人的被害は一切公表せず、写真や映像の没収が始まったのです。

軍による巧妙な情報操作でもあり、露骨な情報隠蔽でした。戦後、アメリカでは検閲は廃止され合衆国憲法で保障された自由な報道が認められたにもかかわらず、多くの報道機関が言われるがまま従ったということは、軍と報道機関との共謀による情報隠蔽・操作というほうが正しいで

しょう。[15]

「原子の疫病」の衝撃が走った九月五日、ワシントンの戦争省は長官名で日本軍による連合国兵士捕虜の虐待と虐殺を大々的に発表しました。対抗広報作戦の始まりでした。翌六日、タイムズ紙は（もちろん全米のほとんどの新聞も）一面トップと三ページにもわたる大特集で報道しました。[16]一面の見出しはこう伝えています。

米国は日本による捕虜の虐殺、虐待、飢えを非難
一五〇〇人を焼き殺し殺害、パラワンの収容所
飛行士の斬首と船員の殺害

内容は「まだ検証の途中である」としながら、一九事例の日本による兵士捕虜や子供を含む民間人に対する虐待と虐殺を衝撃的に伝えるものでした。この日に発表した理由について、「日本が降伏調印をした現在、合衆国国務省は兵士捕虜と民間人収容者のため、アメリカ国民に公表する立場にある」としています。しかし、「まだ検証の途中」という申し開きの言葉が、大慌てで発表したことを露呈しています。

戦争省の対抗広報作戦は連日続きました。前章で説明したローレンスの「長崎原爆攻撃目撃記事」が掲載されたのは九月九日です（一章七節参照）。この日まで掲載が延期された理由は、戦争省が時期を見計らい掲載の許可を出していなかったからです。この時節まで待って戦争省がタイムズ紙に掲載を許可したのは、バーチェットの「原子の疫病」に対する反撃の一つでしょう。

繰り返しになりますが、今一度、原爆攻撃を正当化、当然視するこの記事の重要部分を抜き出してみましょう。「〔原爆によって〕これから哀れな悪魔が死んでいくことに、哀れみや同情を誰が感じるだろうか。真珠湾攻撃を思い起こせば、感じるはずはない」

原爆攻撃を正当化する効果的な理由づけは、「この戦争は日本がだまし討ちの真珠湾攻撃で仕掛けた」、さらに、「日本が数々の残虐行為を行なった戦争を終結させた原爆は正当なものだ」という論理の展開です。しかし、これだけでは原爆を完全には正当化できません。原爆が毒ガスや細菌兵器のように非人道的な残虐兵器と見なされては、アメリカ政府と軍にとって都合が悪いどころではないのです。つまり、原爆の放射能の影響、特に残留する放射能による障害や死は、あってはならなかったのです。

原爆神話を構成する五番目の物語、すなわち政府と軍が重要視していた「原爆による放射能の影響はない。残留放射能はない」については、放射性物質を使う兵器なので、放射能を放出することぐらいは当時でも常識的にわかっていたことであり、原爆攻撃直後から放射能の影響を指摘する科学者や懸念を表明する政治家や宗教家は少なくなかったのです。そこへ持ってきて残留放射能としか考えられない広島の惨状を伝える「原子の疫病」の衝撃がイギリスから降ってきたわけです。アメリカの新聞は掲載しなかったにせよ、国際世論への影響は計り知れず、いずれアメリカに波及してくることは予想できました。バーチェットの記事と同じ日に出たH・ローレンスの「広島訪問記事」も、衝撃の程度はかなり低かったにせよ都合が悪かったはずです[17]。「原爆による放射能の影響はない。残留放射能はない」を原爆神話として根付かせることは非常に難しいことでした。なぜなら、原爆の放射能による死や障害、残留放射能の存在と影響は否定しようのない絶対的な事実であるからです。情報の隠蔽や操作ぐらいでは封じ込めることはできません。「原爆による放射能の影響はない。残留放射能はない」と信じ込ませるためには、情報を捏造し虚偽（フェイク）ニュースを発信し続けることでしかなしえなかったのです。

四 「放射能否定」タイムズ紙の即応

ニューヨークタイムズはすぐさま放射能による被害や残留放射能を否定する記事と論説を次々に掲載しました。アメリカ政府と軍による組織的な原爆放射能の隠蔽と虚偽による情報操作について、そして、従順に応じたタイムズ紙の放射能否定記事を検証してみましょう。

残留放射能を世界に知らせた「原子の疫病」の衝撃から四日後の九月九日、軍は人類初の原爆炸裂の地、ニューメキシコ州アラマゴードに記者やカメラマン三〇人を招きます。その中には、ここで爆破の瞬間を目撃したただひとりの記者、ローレンスもいました。

これまで完全に閉ざされていたアラマゴードを、なぜこの時期に取材させたのでしょうか。ローレンス本人が記事で説明をしていました。「原爆による放射能の影響で人々が亡くなっているという日本の嘘を暴き」、原爆の安全性を証明するためです。[18]

一九四五年七月一六日の原爆実験の際、軍は当時考えられるだけの放射能対策を講じています。また、爆発後の放射能の測定は戦車に鉛板を張り付けて遠隔操作で外の放射能の計測を実施しています。実際に放射性降下物によって周辺地域の家畜にやけどなどの放射能被害も出ています。にもかかわらず原爆開発責任者のグローヴス少将、オッペンハイマー博士が自ら記者団を案内したときは原爆が炸裂した後はいかに安全であるか、つまり、残留する放射能はほとんどないと記者団に説明したのです。

記者団に解説をしたのは二人だけではありません。ローレンスの記事によると、原爆実験責任者のハーヴァード大学教授ケネス・ベインブリッジ Kenneth T. Bainbridge ら開発に携わった原子物理学や放射線学の著名な科学者六人が現場で説明をしました。これ以上考えられないメンバー構成です。当事者であり権威ある人物を登場させ、バーチェットの記事「原子の疫病」に対抗したのです。

さらに、「原子の疫病」の信憑《しんぴょう》性を打ち砕く対抗情報策も取られました。グローヴスはこの機会を使って、記者を招いた原爆実験場だけではなく、広島にも残留する放射能はないことを「調査結果」として公表しています。また、仮に放射能で死亡した人がいたとしても「ごく少数」であると明言しています。「権威と信頼性のある情報」を立て続けに記者団に提供することで、「そもそも放射能で死亡した人はほとんどいない」「原爆による残留する放射能はない」（グローヴスの発言）ことを決定づけようとした焦りさえ感じられます。このことについては、この節の後半と七節で説明します。

さて、情報操作の主役ローレンスは、ここで期待された役割を見事に果たす記事を執筆しています。原爆実験場からの報告という九月一二日付のタイムズ紙一面記事です。

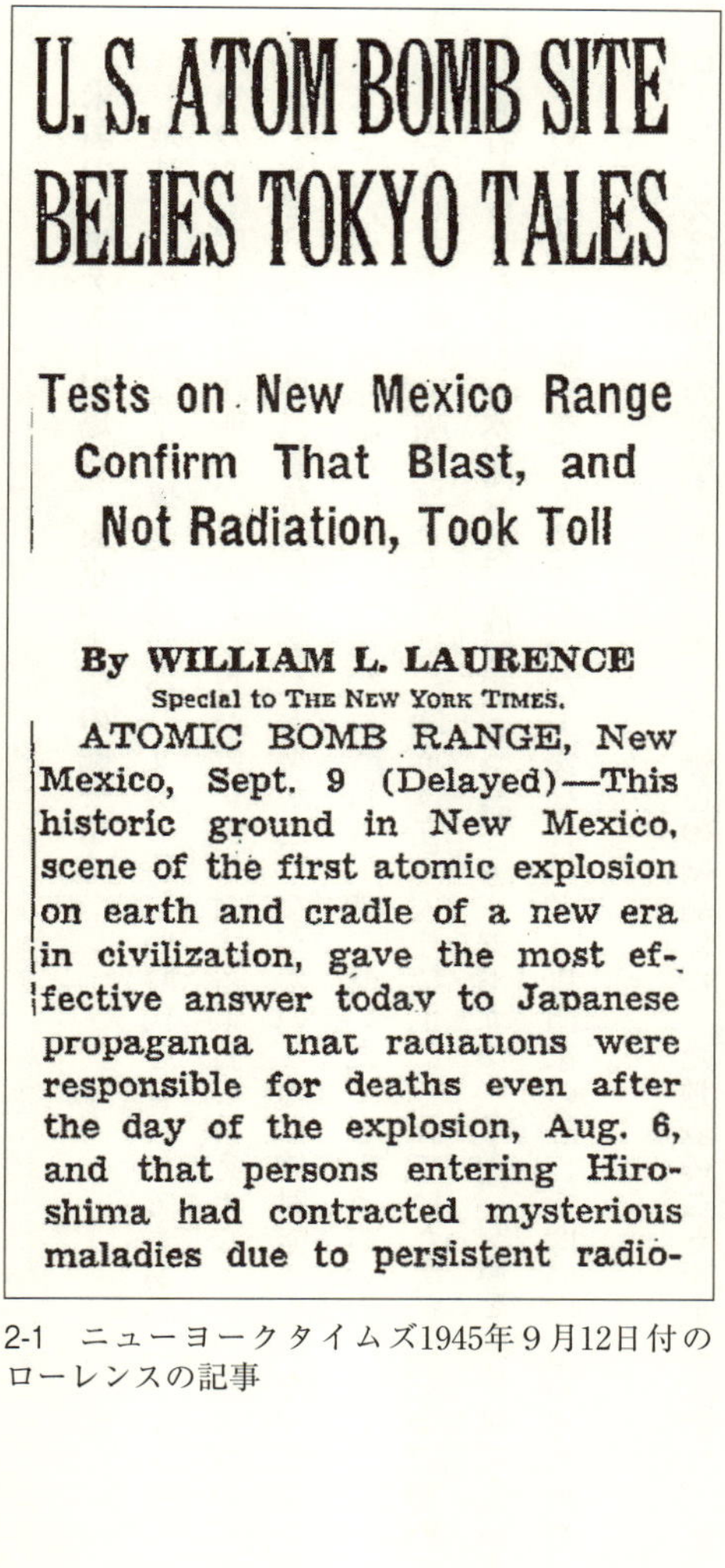
U. S. ATOM BOMB SITE BELIES TOKYO TALES

Tests on New Mexico Range Confirm That Blast, and Not Radiation, Took Toll

By WILLIAM L. LAURENCE
Special to THE NEW YORK TIMES.

ATOMIC BOMB RANGE, New Mexico, Sept. 9 (Delayed)—This historic ground in New Mexico, scene of the first atomic explosion on earth and cradle of a new era in civilization, gave the most effective answer today to Japanese propaganda that radiations were responsible for deaths even after the day of the explosion, Aug. 6, and that persons entering Hiroshima had contracted mysterious maladies due to persistent radio-

2-1　ニューヨークタイムズ1945年９月12日付のローレンスの記事

米国の原爆テスト現場が、東京の主張の嘘を暴く

地球で初めての原子の爆発の地であり文明の新しい時代を育む地でもあるニューメキシコ州のこの歴史的な場所は、日本のプロパガンダに対する最良の答えとなった。そのプロパガンダとは、八月六日の爆発の日以降も人々が亡くなっているのは放射能のせいだ、広島に入り込んだ者が不可思議な病にかかるのは残留放射能のせいだ、というものだ。

こうした主張の欺瞞《ぎまん》を暴くために、陸軍は立ち入り禁止にされていた実験場を今回初めて記者とカメラマンに公開した。放射線測定器〔ガイガーカウンター〕の値を直接見てもらうため、また、原爆開発に直接関わった主要な科学者ら専門家の証言を聞いてもらうためだ。

ローレンスは、原爆の破壊力と熱で溶けて緑色の結晶になった地表のことを取り上げて、広島の原爆による死者のほとんどが「とてつもない爆破と、何百万度と推定される熱と炎によるもの」と断じています。また、ニューメキシコの実験場の残留放射能について「爆発から二カ月も経っていないにもかかわらず、残留放射能は人間の長期的居住にも安全なほどごく微量であることをガイガーカウンターが示している」と安全性を具体的に説明しています。

さらに、実験では地表近くの高さ一〇〇フィート（約三〇メートル）の鉄塔の上で爆発させているにもかかわらず安全であること、一方、上空で爆発させた広島や長崎の原爆の場合は地上に

届く前に放射線は激減していると記しています。また、「原爆から一一日後には広島の放射能は許容量をはるかに下回る」、そして、「原爆による死因は爆風、建物の下敷き、飛来物によるもの、また、熱によるものはやけどと火事による焼死」であると繰り返し強調しています。

そして、こうしたことはグローヴス直属の科学者トーマス・F・ファレル Thomas F. Farrell 准将による広島での現地調査結果によって「証明された」としています（アメリカ軍による広島の現地調査について東京で開かれた記者会見＝日本時間九月一二日＝を報じるタイムズ紙の記事＝九月一三日付＝については、**本章七節**で説明します）。また、広島に放射能汚染はないことについて「現地の調査団によると日本側は認めた」（傍線は引用者）と、客観性を強調したグローヴスの解説を記事で紹介しています。さらにグローヴスが語った「広島での現地調査結果に基づく」コメントを続けて紹介しています。

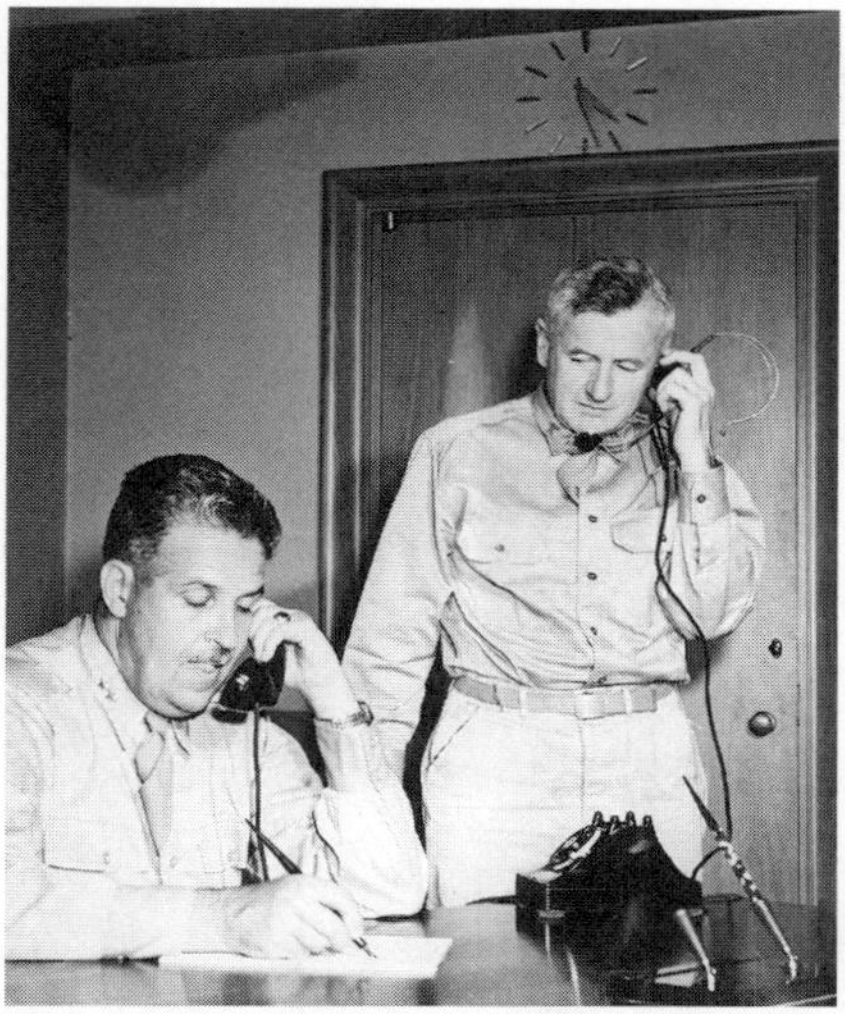

2-2　グローブス少将（左）とファレル准将

「一生、そこに住める」（中略）「日本人は放射能で人々が死亡したと主張している。仮に本当だとしても、極めて少数だ」〔中略〕「多くの人間は殺されたが、多くの命、特にアメリカ人の生命は救われた。原爆が戦争を早期に終結させたのだ。彼らを叩きのめした最後のパンチだった」

このようにグローヴスのコメントを紹介した後、ローレンスは取材記者の立場を完全に忘れて自身の主張を記しています。

日本人はいまだにプロパガンダを続け、我々が不当な方法で勝利したという印象をつくり出そうとしている。そして、自分たちに対する同情を呼び起こそうとしている。こうしたことが明らかになったのだ。

この記事と事実を突き合わせて検証してみると、つじつまの合わないことが明らかになります。科学調査団による広島の現地調査結果を「広島には残留放射能はない」ことの証拠だとして軍は発表し、ローレンスは記事にしています。この調査団は九月八日に広島入りしましたが、グローヴスの命令によって翌九日の朝（アメリカ時間八日）には東京のＧＨＱ（連合国軍総司令部）に急遽、帰還しています[19]。

その理由は、この節の前半に記したとおり、「広島にも放射能は残っていないことが現地の科学調査によって証明された」ことを、九日（アメリカ時間。日本時間は一〇日）の原爆実験場公開の場で記者団に提供しようと狙ったからでしょう。「広島原爆の現地を科学的に調査した結果」を提示することで信頼性と広報効果を最大化し、バーチェットの「原子の疫病」が「嘘」であることを記事に書いてもらおうとしたと考えられます。

しかし、時間的には一日にも満たない滞在で「科学的調査」が可能なのでしょうか。グローヴスに提出された報告は科学的な調査に基づくものだったのでしょうか。それとも、彼が求めていたとおりに調査結果はでっち上げられたのでしょうか。この問いの答えの手がかりとなることについては、本章七節で述べます。

五　ローレンスの仕事始め　フェイクニュース

さてここで話を二カ月前に戻します。ローレンス記者は七月一六日にただひとりの記者として原爆実験場アラマゴードにいました。人類初の偉業を歴史に記すことが任務の一つでしたが、主任務は別にありました。「フェイクニュース」で報道機関と人々を欺くことでした。記者の立場でありながら、ローレンスは原爆実験を隠蔽するための虚偽記者発表を書いています。

原爆の轟音《ごうおん》と閃光は、実験場の広大な砂漠を越えて居住地まで届くと予想され、事実、そのとおりとなりました。科学者は原爆の威力がどれほど巨大であるか正確にはわかっていませんでした。爆発の規模が科学者の予想を超え、観測所はおろか基地外の牧場や居住地区にまで甚大な放射能被害が及ぶ可能性も否定できませんでした。そのため実験後直ちに巨大兵器庫の爆発事故が起きたと伝える記者発表が計画されました。

ローレンスは、実験の爆発の程度と被害状況によって予想される結果に応じて四種類の記者発表資料を書いています。[20]「死傷者なし」から「死傷者が出て、さらに居住地まで深刻な被害が及んだ場合」までです。原爆が放出する放射能によって市民の犠牲者が出ることまで想定して記者発表資料を準備していたのです。このことは放射能による人体への影響について軍や科学者、そして、ローレンス自身も予想していたことを示しています。

未明に予定された原爆実験は、雷雨のため一時間半遅れて夜明け前の午前五時三〇分に行われました。そのため、目を覚ましていた人も多く、原爆の光はアメリカの南西部一帯の広大な範囲で目撃されています。轟音は数百キロ離れたところまで届いています。実験直後には爆発と放射能による居住地での被害は報告されませんでした。その結果を受け、実際に発表されたローレンス起草のフェイク記者発表はこれです。[21]

アラマゴード陸軍航空基地の司令官は声明を発表した。

今朝、アラマゴード陸軍航空基地で起きた大爆発に関していくつかの問い合わせがあった。

遠方に位置している大量の爆薬と火薬を保管した弾薬庫が爆発した。

死傷者は出ていない。爆発した弾薬庫の外では被害はほとんどない。
弾薬庫事故で爆発したガス弾の内容物に影響を与える気象状況は、陸軍にとり民間人数人を一時的に退避させるには好条件であった。

実験で汚染されていた

実際には放射性降下物を浴びた牧場の多数の家畜にやけどの症状が現れ、「弾薬庫の事故爆発で舞い上がったほこりを浴びた羊の毛が抜け皮膚に水ぶくれができた」と牧場主から訴えられています。[22]軍の情報隠蔽で報道されることなく和解をしていますが、これ以外にも様々な放射能被害と推測できることが起きていました。たとえば、二五マイル（約四〇キロ）離れた放牧地で体が麻痺《まひ》したラバが倒れているのを科学者が発見しています。

原爆実験では、三マイル（約五キロ）離れたところでは放射能は危険なレベルを下回ると予想されていました。しかし、実際は三〇マイル（約四八キロ）の幅で一〇〇マイル（約一六〇キロ）の長さの帯状に死の灰が降り注いでいました。[23]この放射性降下物の帯は、偶然にもほとんど人が居住していない砂漠でした。

ローレンスの情報隠蔽と捏造による放射能否定は、広島に原爆が投下される前から始まっていたのです。

六　一変した五日後のタイムズ記事

再び、軍による情報統制の厳格化と放射能隠蔽と捏造、そして一変したニューヨークタイムズの原爆報道に戻ります。バーチェットと同じ日に広島で取材をし、同じ九月五日に記事の出たH・ローレンスの広島訪問記事では、原因と考えられることには何も言及していませんが「今も一日に一〇〇人が死んでいる」と報じています。また、残留する放射能の影響とも解釈できる表現が見られ、記事の論調もある程度の中立性を感じさせるものでした。

しかし、九月一〇日付のH・ローレンスの書いた長崎訪問記事では、論調ばかりか内容まで一変しています。日本に対する敵意がむき出しになり、放射能の否定に転換していました。マッカーサーによる情報統制の開始と見事に合致しています。

九月一〇日付のタイムズ紙一面にH・ローレンスが書いた記事が以下の見出しで掲載されました。[24]

原爆は長崎の捕虜を死亡させる

八人の連合軍捕虜が犠牲に　生存者は後遺症を疑う

「一月前の原爆によって連合軍捕虜の八人が犠牲になり、三八人が負傷した」で始まり、軍需工場に捕虜を収容することは「国際法違反」だと断じます。続いて、捕虜が「原爆の標的である巨大な工業地区の中心にいたことなど原爆を投下した爆撃機の操縦士は知る由もない」と原爆攻撃の擁護と日本に対する非難が展開されます。さらに、連合軍捕虜八人が犠牲になったことを日本の警察が連合国記者に明らかにしたことは、「破壊的な兵器を使ったアメリカの名誉を傷つけるためのプロパガンダ作戦だ」と断言します。

そして、「敵は同情を買おうとしている」という小見出しの後、こう続きます。「わたしは確信している。原爆は疑いもなく悲惨である。同時に、日本は原爆の影響を誇張し日本の冷血な残虐性をアメリカ人に忘れさせることで、自分たちへの同情を買おうとしている」と、中立的だった広島訪問記事から論調が一転しています。さらに、「日本当局は原爆が投下された地域は今後七〇年間人が暮らせないといううわさを広め続けているが、広島と長崎の破壊された地域で人々は病気になることもなく暮らしていることは証拠が示している」と放射能という言葉を使うことなく、原爆の長期的な影響を否定しています。

また、広島訪問記事では「一日に一〇〇人が死んでいる」という証言を自分の意見を交えずに伝えているのに対し、五日後の長崎訪問記事では「〔日本の警察が〕負傷者の一万五〇〇〇人がこれから死んでいくだろうと言うが、彼は過大評価しているとしか思えない。なぜなら、今では死亡は一日に一〇人から二〇人に減少しているからだ」と証言を否定しています。ここでも放射能という言葉も示唆する表現も使われていません。

この記事の前日九月九日、タイムズ紙では（軍の広報役を務めたほうのアトミック・ビルこと）ローレンス記者による長崎原爆攻撃の機上目撃記事が掲載されています。長崎が原爆で破壊される一部始終を高度一万メートルの爆撃機から観察し「これから哀れな悪魔が死んでいく」との記事です（一章七節参照）。そして翌日、今度は長崎を歩いて破壊を目の当たりにしたH・ローレンスが「原爆の影響を誇張して同情を買おうとしている」と記したのは偶然なのでしょうか。

七　軍とタイムズ紙の二人三脚

ここで軍の原爆に関する会見とタイムズ紙の報道を時系列で整理しましょう。軍が情報統制と隠蔽を本格化させていた九月八日、原爆後を調査するためにファレル准将率いる調査団が広島に到着しています。彼は原爆開発責任者の一人です。しかし派遣を命じたグローヴス少将は、なぜか調査団に対して翌九日（アメリカ時間八日）に東京のGHQに戻り仮報告書を作成し報告するよう命令しています。その次の日は（アメリカ時間九月九日、日本時間一〇日）グローヴスとオッペンハイマーの原爆開発責任者自らが、アメリカの記者団を原爆実験の地に案内する日でした。「原子の疫病」に対する国際世論の高まりに対し、グローヴスは明らかに情報操作（対抗情報策）と残留放射能隠蔽を急いでいました。広島と実験の行われたアラマゴードのいずれにも放射能が残存しないことを同時に発表し、「原子の疫病」にとどめを刺す狙いだったのでしょう。

調査団の科学者の一人はのちに、ファレル准将がこう指示したと告白しています。「我々の任務は、原爆の放射能が存在しないことを証明することだ」[25]。ファレルはグローヴスに「広島には放射能はない」と要求どおりの報告をしています。そしてグローヴスはアラマゴードで広島の原爆調査団の報告を記者団に告げたというわけです。

残留放射能の否定会見

東京に帰還して三日後の九月一二日、ファレル准将は帝国ホテルで記者会見を開きました。この会見には、「広島訪問記事」、そして内容が一転した「長崎訪問記事」を書いたタイムズ紙のH・ローレンス記者もいました。翌九月一三日に掲載された彼のタイムズ紙記事は、軍の発表に寄り添うようこう伝えます[26]。

廃墟の広島には放射能はない

破壊された広島の調査を終えたファレル准将は、秘密兵器の爆発力は開発者の予測をはるかに上回ったと報告する一方で、その兵器が危険な残留する放射能、また、爆発時に毒ガスのようなものを発生させたかについては断固否定した。〔中略〕

SEPTEMBER 13, 1945.

ON CENTER

NO RADIOACTIVITY IN HIROSHIMA RUIN

Army Investigators Also Report Absence of Ground Fusing—68,000 Buildings Damaged

By W. H. LAWRENCE
By Wireless to THE NEW YORK TIMES.

TOKYO, Sept. 12—Brig. Gen. T. F. Farrell, chief of the War Department's atomic bomb mission, reported tonight after a survey of blasted Hiroshima that the explosive power of the secret weapon was greater even than its inventors envisaged, but he denied categorically that it produced a dangerous, lingering radioactivity in the ruins of the town or caused a form of poison gas at the moment of explosion.

Talking with reporters soon after his return from the site of the first atomic bomb explosion, General Farrell gave this report on the historic Aug. 6 bombing mission:

For a radius of one and a quarter miles from the point of detonation, the area including the Japanese military headquarters was completely demolished, to a radius of two miles, everything is blasted, with some burning; between two and three miles, the buildings are about half destroyed; beyond three miles, the damage is generally slight, but roof damage up to five miles and glass broken up to twelve miles.

Culver, Montgomery Aide, Back From War, Says High Britons Warmly Acclaim Our Aid

Special to THE NEW YORK TIMES.

CAMP SHANKS, N. Y., Sept. 12—Major Edward R. Culver 3d of 625 Skinker Boulevard, St. Louis, who was aide-de-camp to Field Marshal Sir Bernard L. Montgomery, returned today on the Oneida Victory, which anchored in the Hudson River off Irvington, N. Y. Major Culver, a grandson of the founder of the Culver Military Academy, was assigned with General Montgomery from March, 1944, through last June.

"Six British major generals, with whom I was billeted, Maj. Gen. Sir Francis W. Deguingand, with whom I was closely associated and all British officers and enlisted men I met were lavish in their praise of the United States for our part in the war," Major Culver said. "Everyone was high in their praise of General Eisenhower and all from Montgomery down acted as if it was a privilege to serve under him."

Major Culver was present when the first German surrender was made to General Montgomery. A German general from the Army group opposite the British front was brought into headquarters under a truce flag. For twenty minutes the German general described at length, "you have ruined our cities, our communication lines are destroyed, our ammunition dumps have been blown up, our people are starving, our railroads are bombed out, we have little water," and when the German stopped Major Culver related that General Montgomery said firmly, "Splendid—just as it should be."

Major Culver was in the plane that transported the German Col. Gen. Gustav Jodl from Limeburg, Germany to Rheims. Jodl thumbed through a magazine on entering the plane and within five minutes was asleep for the entire trip.

After being processed here Major Culver is leaving for a furlough in St. Louis where he will be met by his wife and parents. He received the British decoration as a member of the British Empire. He also was awarded the Bronze Star and five battle stars for service in Tunisia and other places before being assigned to General Montgomery.

One Man to Rule Surplus Sales

WASHINGTON, Sept. 12 (AP)—One-man supervision of surplus property disposal was approved today by Congress. It was one of the first pieces of legislation asked by President Truman after he took office. The Senate took less than to the measure already passed by the House. W. Stuart Symington, St. Louis, brought to the Surplus Property Board by President Truman, is expected to be named to the post. It involves overseeing the disposal of more than $100,000,000,000 worth of surplus prop-

2-3 「広島には放射能はなかった」と記すニューヨークタイムズの記事。1945年9月13日付ファレル准将はさらに、その兵器の主要な効果は爆発であり、特定はしなかったものの限られた場所だけは放射能があったが、これは爆発の瞬間だけであると言明した。

現地調査を始めた九月九日、科学者の調査団は破壊された地域で残留する放射能の証拠は発見していないと彼は語った。さらに、准将の意見として、現時点でその地域に住むことは危険ではないと語った。


ただ、記者としての義務感からか、情報統制に対するささやかな抵抗からか、あいまいな表現ではありながら白血球の減少について報じています。「致命的ではないやけどを負った人の中には生命維持に必要な白血球の急激な減少によって死亡しているという日本の調査について准将は認めた」（傍線は引用者）。「調査結果があることを認めた」のか、それとも「調査結果が事実であると認めた」のかはっきりしない、どちらにもとれる英語表現で書いています。白血球の減少が放射能の影響によるものである可能性については、示唆さえされていません。

この白血球減少の文の後は、原爆の「物質的破壊力と規模は、開発者の予想を大きく上回った」と突然話題を変えています。そしてこの記事は、原爆の建物に対する破壊力、原爆攻撃の正当性、原爆神話が挿入され締めくくられます。原爆による犠牲者は、あたかも軍人だけのような表現です。

「破壊、もしくは損害を受けた建物は合計六万八〇〇〇となる。これは、その都市のすべての建造物の八〇パーセントから九〇パーセントに及ぶ」

「広島が原爆の最初の目標となった一つの理由は、その都市に陸軍の本部があったからだ」と准将は結論づけた。「原爆が殺した四〇〇〇人の兵士の中に、本部司令官と部下全員が含まれている」

H・ローレンスの九月五日付の広島訪問記事は、十分ではないにせよ被爆者や医師からの聞き取りから放射能の影響とも解釈できる後遺症について報じていました。ところが、五日後の長崎訪問記事(本章六節)、そして、ここで検証した八日後のファレル准将会見の記事では、放射能の影響について全面否定する軍の主張をそのまま報じています。八日間で論調も激変しています。

詰め寄るバーチェット、否定する軍

実は、ファレル准将は九月一二日の放射能否定会見に先立つ九月六日、もしくは七日に、バーチェットの「原爆の疫病」を否定するために会見を開き、原爆について声明を発表しています。[27]ちょうどこの日、バーチェットは苦労の末に東京に帰還したのでした。

東京駅に降り立ち投宿先の第一ホテルに向かう途中、知人の連合国特派員と出会い、「広島について会見がある」ことを知らされました。[28]疲労とともに、おそらく放射能障害のために体調を崩していたバーチェットはホテルに戻って休みたいと会見出席をいったんは断ります。しかし、「会見は、君が書いた広島の原爆病を否定するためだ」と告げられ、意を決し投宿先近くの会見が開かれた帝国ホテルに向かいました。

この会見では、「広島・長崎では、死ぬべきものは死んでしまい、九月上旬現在において、原爆放射能のため苦しんでいるものは皆無だ」という声明が発表されたといいます。(29) 自分の記事を否定するための会見であることを痛感すると同時に憤慨したバーチェットは、広島に自ら行って調べたのかとファレルに質問しました。答えは「ノー」でした。(30)

それから二人の間で残留放射能の存在と放射能障害をめぐる激しいやり取りがありました。否定を繰り返すファレルに対し、バーチェットは広島市の川で目にしたことを問い詰めます。彼の著書に記された二人のやり取りを紹介しましょう。


「広島の中心部の川まで泳いできた魚が、そこで突然腹を上にして死んでいく。このことをどう説明するのか」

ファレル「爆発や熱せられた水で魚は死んだのだ」

「すでに一カ月も経っているのに?」

ファレル「潮の満ち引きで、死んだ魚が行ったり来たりしているのだろう」

「元気な魚が市内の川のあるところに来たら突然腹を上にして浮かび、そして死んでいるのを私は目撃している」

こう説明を求めたバーチェットに対してファレルは「あなたは日本のプロパガンダの犠牲者になったようですね」とだけ答え、会見は打ち切りになりました[31]。

その後、バーチェットはアメリカ陸軍病院に収容されました。検査の結果、白血球の減少がわかりましたが、古傷の化膿のためであると診断を受けています。広島で撮影したフィルムが入ったままのカメラは消え、取材許可は取り消され、「許可なく占領地域に立ち入った」という理由で日本から退去処分の通告を受けています（ただし、のちに退去処分は取り消されています）。

残念ながら連合国の記者団はバーチェットの味方につきませんでした。世界的なスクープを奪われた妬みからか、それとも、マッカーサーの報道規制にひざまずいたのでしょうか。

不思議なことに、タイムズ紙はこのとき（九月六日もしくは七日）のファレルによる会見について何も報道していません。本章三節でふれたように、H・ローレンスによる九月五日のタイムズ紙「広島訪問記事」も軍にとっては不都合でした。なぜなら、「原爆はいまだに一日に一〇〇人の命を奪っている」と報じ、他にも原爆の放射能による影響とも読み取れることを記事に書いていたからです。

まだ日本に滞在していたH・ローレンスは、①会見に出席したが何も書かなかった、②会見に出席して記事を書いたがニューヨークの本社が何らかの理由で掲載しなかった、あるいは、③何らかの理由で会見に行かなかった（行けなかった）かのいずれかだと思われます。いずれも推測の域は出ず、真相は不明です。

八　社説や科学評論も放射能否定

放射能否定に一転したタイムズ紙の報道に戻ります。ファレル准将会見についてのH・ローレンスの記事「廃墟の広島には放射能はない」と同じ九月一三日付のタイムズ紙社説「原爆の後遺症」[32]でも、この記事の内容をそのまま裏打ちしています――汚染された土壌や建物からの放射能によって死者が出ているという広島からの報道には何も根拠がないことが原爆実験場の放射能測定で明らかになった。爆撃機から投下され上空で爆発した原爆は、放射能は上空に舞い上がり地上にはほとんど影響がない。原爆の犠牲者は爆発の瞬間の爆風によるものだ。後遺症については原爆投下前から検証されていた。日本の調査が主張する赤血球の減少はつくり話だ。白血球の減少の可能性はあるかもしれないが疑わしいと判断せざるをえない。

このように、「社説」でありながら延々と放射能の影響を否定しています。本章の最後に改めて述べますが、社主や編集主幹から放射能否定が編集方針として告げられていたか、あるいは、記者ばかりか社説を書く論説委員もそうした意向を忖度していたのではないかと疑わざるをえません。

さらにタイムズ紙九月一六日付の「科学評論」では「放射線研究者は原爆の爆発による後遺症について断定」という見出しを付け、日本が主張する放射能による後遺症や死亡は嘘とひどい誇張であることが科学的に証明されたと伝えています。[33] この記事を書いたワルデマール・ケンプファート記者は、タイムズ紙がグローヴス少将から原爆実戦使用の予告を受け、そのときに備えてニューヨークの本社で待機していた科学記者です。

日を追うごとに、タイムズ紙の放射能否定の度合いはさらに高まり、より具体的になっていきました。

一〇月七日付でタイムズ紙は「現地調査は長崎の危険性を否定」という記事を掲載しています。[34] 主任軍医の一〇日間の長崎の現地調査の結果を報じるこの記事は、「原爆投下後の放射能は時計の蛍光文字盤の一〇〇〇分の一」であり、ガイガーカウンターの放射能測定値は「シアトルやサンフランシスコよりもむしろ低い」と記しています。

この記事は、軍医は放射能の人体への影響を一九一八年以来研究し続けており、人類初の原爆実験も調査した人物であると「権威づけ」をします。そして、軍医の「長崎のどこにおいても、危険なレベルの放射能は、過去〔原爆投下時〕も、現在も一切ない」と断定する見解をそのまま掲載しています。

九　アメリカ国内の放射能死亡事故隠蔽

タイムズ紙と政府・軍による放射能の否定は、原爆だけではありません。国内で起きた放射能事故、また、事故に関わる責任者の証言も「報道しない」という不作為による「隠蔽」をタイムズ紙は繰り返しています[35]。

広島原爆から二週間後、アメリカ国内で放射能による死亡事故が起きています。八月二一日、原爆を開発製造したニューメキシコ州のロスアラモス研究所で二四歳の科学者が臨界実験をしていた際に誤って放射性物質を浴び、四週間後に死亡しました。九月二一日付タイムズ紙は放射能については一言もふれず、「事故によるやけどで死亡」とだけわずか一一行の「ベタ記事」で報じただけでした[36]。実際は放射能障害で体が膨れ上がり、皮膚が塊となってはがれ落ち、苦しみぬいた悲惨な死でした。研究所は、この科学者が放射能障害で死亡するまでの克明な記録を写真撮影しています[37]。ローレンス、もしくはタイムズ紙記者の誰かは、真相を知っていたのではないでしょうか。

原爆開発と製造の現場最高責任者はグローヴス少将です。自分が管理者を務めるロスアラモスで放射能による死亡事故を起こし、事故の詳細を知っていながら（立場上、写真も見ていると考えられます）、二カ月後の一一月、連邦議会上院核エネルギー特別委員会で彼はこう発言しています。[38]

放射能による死傷というものは、即死するか、もしくは、少量の放射能の場合でもほどなく死に至るものだ。医師から聴いてわたしが理解しているのは、たいした苦しみもないということだ。事実、医師によると、〔放射能で〕非常に心地よく死ぬことができる。

原爆責任者グローヴスによる議会での初証言ということで、この委員会は非常に高い関心を呼んでいました。当然、委員会発言の後（一一月二九日付で）、タイムズ紙は記事にしています。しかし、科学者から抗議が殺到しそうなグローヴス証言をタイムズ紙は記事で取り上げていません。この記事が報じたのは、アメリカは原爆を製造し続け十分な量を確保しておくべきであること、そのために必要な予算額と削減案への反対意見という、核兵器を推進する内容ばかりでした。[39]

一〇　タイムズ紙の「原爆報道方針」

このように、バーチェットの「原子の疫病」が世に出たことに伴って報道統制が厳格化された後、タイムズ紙は放射能否定の報道を徹底して貫きました。

タイムズ紙が社として、つまり社主と編集主幹が原爆の正当化と放射能を否定する編集方針を決め、記者に通達したという証拠はありません。しかし、本章で検証してきたように、新聞社を挙げての放射能否定報道は、タイムズ社トップによるな何らかの「力」が働かずにできるものでしょうか。「組織的な隠蔽が行われた」と考えられる理由は二つあります。まず、一章の最後に記したタイムズ社主と政府・軍との関係です。つまり、原爆史の公式記録と情報操作・広報作戦のためのローレンス記者の軍への提供、その見返りとして軍から原爆に関する情報を独占的に提供されたことです。

二つ目の理由は、タイムズ紙はあまり報じていませんが放射能の影響や残留放射能の存在を主張する科学者はいたということ、また、一部の政治家、評論家、宗教者、そしてのちに大統領になるドワイト・D・アイゼンハワー Dwight D. Eisenhower 最高司令官ら何人もの最高位の軍人からさえも原爆の非人道性に対する非難の声は上がっていたという事実です。一例を挙げると元大統領のハーバート・フーヴァー（Herbert Hoover　在任一九二九―三三）は「女性や子供の無差別殺戮を伴う原爆の使用は、わたしの心に嫌悪感を抱かせる」と記しています。[40] こうした主張や非難の声を取り上げる新聞や雑誌はあったのです。[41] 当時も今も、基本的にはニューヨークタイムズの報道姿勢は、（やや中道の）リベラルです。何らかの組織的な方針や圧力もない中で、記者の誰ひとりも原爆による放射能障害や残留放射能について警鐘を鳴らす記事を書かないということが考えられるでしょうか。

原爆報道についてはアメリカ政府・軍から報道機関に要請が出されていました。日本降伏の翌日に検閲は公式には終わっていましたが、戦争省は声明を報道機関に送っています。「国家の安全のために原爆について議論するあらゆることは公式発表された情報の範囲におさめることがすべての国民の義務である」。原爆の使用について議論しないよう求めています。[42]

政府・軍による報道機関に対する圧力はさらに続きました。九月五日以降、戦争省とＧＨＱが原爆の情報統制と隠蔽を本格化させたのは、タイムズ紙が原爆報道を一変させた時期である九月中旬のことです。グローヴスの提案によって、トルーマン大統領名で新聞、雑誌、ラジオなど報道機関の編集長宛に「親展」で原爆報道への協力要請が送られています。[43]

最高度の国家安全保障の理由から〔中略〕戦争省に相談することなしに、実戦での利用を含む幅広い原爆に関する情報を報道しないよう求める。

こうした軍と大統領による「原爆報道自粛要請」は報道機関すべてに対して出されたもので、タイムズ紙だけのものではありません。しかし、原爆とタイムズ紙には特別な関係があったことは、これまで記してきたとおりです。

タイムズ紙に特別なことは他にもあります。突出した意識形成や世論への影響力です。次の章で説明しましょう。

コラム

なぜレスリー・ナカシマの初報に続かなかったのか

連合国の報道機関が伝えた被爆地からの現地ルポは、バーチェットの「原子の疫病」やH・ローレンスらの公式記者団の書いた記事（ともに九月五日に掲載。**二章一、二節参照**）が初めてではありません。広島の惨状を初めて世界に報じたのはハワイ生まれの日系二世、レスリー・ナカシマ Leslie Nakashima です。バーチェットより二週間近くも早く広島入りを果たし、掲載日も五日早い八月三一日付でした。

ナカシマはＵＰ通信の東京支局で働いていましたが、一九四一年一二月の日米開戦で支局が閉鎖されたため、日本国籍を取得して同盟通信に移っています。終戦後は再びＵＰ通信に戻り、母親の安否の確認も兼ねて八月二二日に広島入りしています[44]。

ニューヨークタイムズは、ナカシマの広島のルポ記事を掲載しています。一九四五年八月三一日付の「広島は消えた、記者が目撃[45]」では、廃墟となった広島駅に降り立ったときから広島市近郊の母親の実家に戻るまでに目撃した原爆による惨状と人々の様子を記事にしています。

「死亡者は一〇万人に達すると思われ、原爆の紫外線によるやけどのため連日人々は死に続けている」と書かれた記事の原文に続けて、タイムズ紙編集者、あるいは軍の検閲によるものかは不明ですが、次の文章がカッコで囲まれて挿入されています。

(合衆国の科学者によれば、破壊地域には後遺症を引き起こす残留物を原爆は持たないと話している。)

この放射能否定の挿入文に続けて、ナカシマが目撃し聞き取りをした広島の惨状が記されていきます。そして、記事の最後はこう締めくくられます。

多くの犠牲者の身元はわからない。

今なお、この病院では毎日二、三人が亡くなり続けている。

この地区でさえ、街の中心から三マイル〔約五キロ〕も離れているのに、野菜の葉は干からび、そして、植物はいずれ枯れてしまうと心配されている。

タイムズ紙に掲載されたナカシマのUP通信の広島ルポは、このように放射能の影響を示唆する記述で結んであります。しかし、この直後にAP通信による「放射能否定」の記事が掲載されています。バランスを取るためなのか、ナカシマ記者の現場ルポを否定する意図があったのでしょうか。

日本の報告は信じられない

オークリッジ、テネシー（八月三〇日）ＡＰ　原爆の放射能で死亡しているという日本側の主張はプロパガンダに他ならないと、マンハッタン計画の司令官、レスリー・グローヴス少将は見解を示した。[46]

アメリカの科学者による研究では〔放射能による〕死亡を証明することはできないと、グローヴス少将は記者会見で述べた。〔中略〕「原爆は非人道的な兵器ではない」〔中略〕「このこと〔原爆投下〕を疑問視する者に対する最善の答えは、我々は戦争を始めてはいないことだ。彼らが我々の戦争終結のやり方が気に食わないのなら、誰が始めたのかを思い出してほしい」と彼は述べた。

その後もグローヴスは原爆の放射能の影響で死亡することについて否定し、特に残留放射能については完全否定を繰り返したことは二章に記したとおりです。

ナカシマの書いた記事原本は一二九四単語ありました。[47]タイムズ紙は、上記のように残留放射能否定の一文を挿入しただけではなく、原文を半分にまで削っています。削除された文の多くは、放射能の影響を伝え、民間人、それも中学生の多くが犠牲になったことを指摘するものでした。いずれも、アメリカにとっては極めて都合の悪い内容です。タイムズ紙が削除した放射能と民間人被害に関係する部分を紹介しましょう。

奇跡的に彼〔ナカシマの実家の隣人〕はやけどをしなかったが、原爆のガスを吸い込んだせいで病気になり、現在も治療中だ。〔中略〕

ウランの影響で病気になるという警告がある。ウランは地中に浸み込み、そのため、人々は破壊された地域に入れない。

このことと関係し、救援活動を行なっていた兵士の何人もが体調を崩し、そのため、活動は中止されたと報じられている。

こうした出来事から、原爆で破壊された地域は今後七五年間人間が居住できないというアメリカからの報告に日本の当局者の間では恐怖が湧き起こっている。〔中略〕

この間〔ナカシマは広島に八月二二日から二三日にかけて滞在している〕、わたしはウランを吸い込んだのだろう。なぜなら、わたしはいまだに食欲不振にさいなまれ、ほんの軽い仕事をしただけで疲れてしまうからだ。

死者数は非常に甚大だ。〔中略〕空襲に備えて建物の取り壊しに人々が動員されていた。

そのため、何千もの中学生の男女が犠牲になり、行方不明になっている数は驚くべきだ。

ナカシマの記事はアメリカの世界的通信社が配信した世紀の特報です。「世紀の特報」にしては扱いが地味で、しかも、放射能と民間人犠牲者のかなりの部分は削除されているものの、タイムズ紙の他にも全米の主要紙の多くが掲載をしています。一方、バーチェットの「世紀の特報」はイギリスの新聞が大々的に報じ無償で再掲載を提供したにもかかわらず、アメリカの新聞は掲載していません（二章一節参照）。

この違いは何に起因するのでしょうか。ナカシマの記事は日本の降伏調印前で占領軍による情報管理がまだ始まっていなかった、また、アメリカの通信社による特報だったから掲載されたのでしょうか。一方、イギリスの新聞のスクープ「原子の疫病」は降伏調印後で占領軍による情報統制が始まっていたためアメリカでは報道されなかったのでしょうか。

いずれにせよ、ナカシマとバーチェットが報じた放射能による深刻な影響をさらに検証しようとした連合国の記者はほとんどいなかったことは疑いのない事実です。

第三章　ローレンス記者とタイムズ紙の影響力

待機するエノラゲイ。サインは乗組員たちのもの
（Harry S. Truman Presidential Library & Museum 2003-150）

一　ローレンス記者による原爆情報のスクープ

原爆開発のすべてを知り、原爆攻撃まで目撃した唯一の記者、ニューヨークタイムズのローレンスとは一体どんな人物だったのでしょうか。[1] どうして軍は彼を選んだのでしょうか。

彼はタイムズ紙だけではなく全米の新聞で初めての科学の専門記者でした。学術誌を読みこなし、学会にも出席し、科学者とは対等に専門の会話ができるほどの知識を備えたローレンスは、科学の知識とそれを記事にして読者にわかりやすく伝える突出した能力を持っていました。しかも、原爆情報のスクープ記事を次々と書いていました。ローレンスが選ばれたのは、大きな信頼と世論への影響力のあるタイムズ紙の記者、という理由だけではありません。

一九三〇年に科学記者となると、ローレンスは当時から世界を一変させると考えられていた原子力の可能性に引き込まれていきました。第二次世界大戦前から原子力研究の最先端を取材しながら、原子が将来的に人類にもたらすと彼が予言したバラ色の世界——原子は、安価で無尽蔵のエネルギーを人類にもたらし、砂漠や原野を蜜の流れる新天地に変える力を持っている——をタイムズ紙だけではなく一般の雑誌にも寄稿していました。

ウランの核分裂は一九三八年にドイツ人研究者によって発見されていました。第二次世界大戦が一九三九年に勃発すると、ローレンスは原子の力が兵器に利用できる可能性について取材を進めていました。そして翌一九四〇年五月五日、ドイツが原子の力を使った兵器を開発しようとしていることをスクープします。(2) タイムズ紙の一面の見出しはこう伝えています。

科学によって原子エネルギーが放たれる
石炭の五〇〇万倍の力を持つ可能性
ドイツは手に入れようとしている

この記事ではコロンビア大学の原子物理学者の発見、一ポンドのウラン235が五〇〇万ポンド（約二三〇〇トン）の石炭、三〇〇万ポンドのガソリンのエネルギーを出すことができ外洋船も潜水艦も燃料の補給なしにいつまでも航行できることを紹介しています。さらに、一ポンドのウランは一万五〇〇〇トンのＴＮＴ火薬相当の威力を持つという科学者の計算を紹介し、ドイツの研究者はこの核エネルギーを兵器に応用しようと日夜取り組んでいるとも伝えました。

ローレンスの核に関する知識と情報把握力を軍と諜報機関に決定的に印象づけたのが同じ年の九月の『サタデー・イヴニング・ポスト』誌 *Saturday Evening Post* の記事でした。原爆の開発は「ヒトラーの命令により、二〇〇人あまりのドイツ人の一流研究者が全力を挙げている」と真偽不明ながら具体的な情報まで報じました。(3) ドイツが原爆開発に着手していたことをアメリカ軍はつかんでいましたが、もちろん機密情報でした。それを報じただけではなく、ローレンスはウランの濃縮技術や兵器への応用方法まで正確に記していたのです。

当時、原爆開発競争では追いかける身であったアメリカはローレンスの記事に衝撃を受けました。FBIは、すべての公共図書館から同誌九月号を回収し、出版社に対してバックナンバーの販売の中止を求めるとともに、注文があったときは注文者の情報を提供するよう要請したほどです。

ローレンスが取りつかれたように核分裂と兵器への応用について記事を書き続けた理由は、まだ実現していなかった原子エネルギーの信奉者であったこと、そして、ドイツよりも早くアメリカは原子爆弾を開発しなければという信念でした。ローレンスの特ダネが軍に衝撃を与えた一九四〇年、アメリカはすでに原爆開発に着手していました。一九三九年、ドイツが先に原爆開発に成功してしまうことを心配した物理学者のリオ・シラード Leo Szilard がアルバート・アインシュタイン Albert Einstein の名前で、当時の大統領フランクリン・D・ルーズヴェルト (Franklin D. Roosevelt 在任一九三三―四五年) に手紙を送り、原爆開発を強く促したことで研究調査は始まっていました。原爆を手にしたドイツに世界は征服されると危惧したこの二人の物理学者はユダヤ系でした。このときはまだ開発製造を目指すというよりは研究段階でした。

原爆開発製造がマンハッタン計画として本格化したのは、真珠湾攻撃を受けてアメリカが参戦した翌年の一九四二年のことです。

二　記者でありながら軍からも報酬

ローレンス記者が原爆を開発していたアメリカ戦争省[4]と密約を結んで雇われたのは一九四五年四月のことです。極秘中の極秘だったマンハッタン計画の現場責任者、グローヴス少将自らが、記事の実績からローレンスこそ適任だと判断して「スカウト」しました。ローレンス個人に直接接触し秘密裏の契約を交わしたのではなく、ニューヨークタイムズ社との公式裏取引でした。ただし、社主のアーサー・ヘイズ・サルズバーガーと編集主幹エドウィン・ジェイムスの二人以外は、誰も軍と新聞社との裏取引を知りませんでした（一章一一節参照）。

問題は、ローレンスがタイムズ社からも、そして、軍からも給料を支給されていた事実です。これは倫理的に許されない行為であり、タイムズ社の掲げる編集方針に対する利益相反行為です。

全面戦争の状況下では、このことは許されるのでしょうか。大戦中の日本の新聞は大本営発表新聞だと非難されていますが、アメリカの新聞もそう違わなかったということです。敗戦国日本は軍による戦争行為も報道機関の軍との癒着も徹底的に非難されました。実際にはアメリカ軍による非人道的行為、残虐行為も珍しくなかったにもかかわらず、また、アメリカの新聞も「大本営発表」的なところは十分あったにもかかわらず、戦勝国の蛮行や報道機関の軍との癒着はお咎《とが》めなしになるということです。

余談になりますが、軍からローレンスに支給された「給料」は一日二五ドルという契約でした。二〇一八年の物価で換算すると、約三四〇ドルとなりますが[5]、軍事機密を扱う重大性と、何より権力側の軍と報道機関が裏取引をしてプロパガンダの片棒を担ぐというジャーナリストとしての犯罪性、反倫理性をかんがみると、薄給ともいえる金額でした。もちろん、薄給とはいえ新聞社と軍から同時に給料を支給されることはジャーナリズムの規範からは許されることではありません。

さて、薄給かつ日払いの契約でしたが、ローレンス自身が著書で認めているように、極秘の原爆開発を独占的にすべて「取材」できるという、記者冥利《みょうり》につきる取引に熱狂したのです。記者であれば、人類初の、人類の未来を大きく変える、もしくは、人類を絶滅させることもできる原爆の開発に、記者としてただひとり「取材」ができるという特権に歓喜しないはずはありません。

基本的に取材制限はありませんでした。アメリカ全土とカナダに散らばる開発研究施設（ロスアラモス、シカゴ大学など）、ウラン濃縮工場のすべてを見てまわり、研究責任者のオッペンハイマー、そして四人のノーベル賞受賞者から自由に話を聴くことができたのです。ただし、書いた原稿やメモ書きはすべて回収されて金庫に保管され、毎晩、部屋のゴミは焼却されました。そのときの興奮具合を、ローレンスはこう記しています。(6)「原爆プロジェクトに関わって二カ月あまりのアトミック時間は、一生分かそれ以上に匹敵する」「人類がまだ目にしていないもの、実現するなど夢にも思っていないものを目撃している」

原爆攻撃を世界に告げた同じ日、タイムズ紙は一九四五年八月七日付紙面で、ローレンス記者は「複雑な原爆について人々にわかりやすく解説をする戦争省の任務に就いていた」と紙面で告知しています。(7)新聞社から給料を支給されると同時に軍からも給金を支払われて雇われていたこと、また、最初の原爆実験を兵器庫の爆発事故だと発表した軍のプレスリリースから大統領声明までも起草したことについては隠していました。また、彼の数々の模範記事は、政府広報のために全米の新聞に無償提供されるという取引についても、伏せていました。(8)

倫理上の後ろめたさやジャーナリズム規範違反の罪悪感をローレンスは抱いていなかったのでしょうか。何も感じていなかったようです。自分が起草したトルーマンの原爆声明と戦争省の記者発表資料をラジオで耳にしたときの高揚ぶりをのちに記しています。(9)

広島に原子爆弾を投下したというトルーマン大統領の声明を伝える興奮した声がラジオから流れてきた。世界で最も偉大な秘密が今語られたのだ。〔中略〕世界で最も偉大な物語が放送された。世界中に伝えられる戦争省の公式発表資料を起草したことは、ジャーナリズムの歴史では初めてであり、わたしにとっては誇りである。これほどの栄誉が新聞記者に与えられることはない。

ジャーナリズムの倫理と規範に対する違反についてては、まったく気にかけておらず、むしろ誇りにさえ思っていたのです。ただ、軍から支払われた「日給の金額」についてては不満だったようで、晩年まで「安すぎだ」「差額を支払え」と主張していました[10]。

後年、ローレンスは政府の情報操作とプロパガンダを担っていたことが明らかになり、原爆報道で受賞したピューリッツァー賞の剝奪《はくだつ》運動をジャーナリストが行なっています[11]。受賞した「長崎原爆攻撃日撃記事」（一章七節参照）だけではなく、彼の原爆を報じた数々の記事、そして掲載したタイムズ紙は、政府と癒着した情報隠蔽に他ならないというのが剝奪を訴えた理由です。

三　劇的過ぎる生い立ち

ここでローレンスの生い立ちをさかのぼりましょう。彼は一八八八年にリトアニアの小さな村で生まれました。八歳でヘブライ語の旧約聖書を暗唱し、一〇歳代でロシア語、イディッシュ語、ヘブライ語、ドイツ語で書かれた文学作品を読みこなせるようになったといいます。ただし、こうした本を大量に読んだことで無神論者になっています。父親から勘当されたこと、そして、ロシアに徴兵されることを避けるため、空の桶の中に隠れてドイツに密入国し、そこからニューヨークに渡り、そして、ボストンに移り住みました。

誰も発音できないリトアニアの名前を捨て、ウィリアム・レナード・ローレンスを名乗るようになったのはこのときです。名前のウィリアムはシェイクスピアから、ミドルネームのレナードはレオナルド・ダ・ヴィンチから、苗字のローレンスはボストンに移り住んだときの通りの名前から取っています。あっという間に英語を完璧に習得し、アメリカ国籍を取得した後に、奨学金を得てハーヴァード大学に入学します。同大学生の家庭教師や講義ノートを売って生計を立てたといいます。

無心論者であったローレンスにとっての神は、科学でした。「科学こそが未来の宗教である」と信じていました。彼にとって、科学記者になることは、科学という神の言葉を人々に伝えることでもあったのでしょう。無神論者ながら、原爆の表現は極めて宗教的で聖書の引用が多く、原爆は「キリストの再降臨」「天地創生」とたとえて記事にしたため続けました。彼にとり科学の結晶である原爆が神であり宗教であったのです。

彼のユダヤ人の家族はホロコーストの犠牲となりました。アメリカに原爆開発を訴え、ドイツを開発競争で打ち破ったアメリカの原爆を賞賛し続けた理由の一つは、ここにあるのでしょう。

四　ニューヨークタイムズ　エリート層に絶大な影響力

原爆神話の形成、そして原爆と放射能が頭の中で結び付かない、結び付けることを無意識に避けることに役割を果たしたニューヨークタイムズの報道を一、二章で説明してきました。

以下、なぜタイムズ紙が絶大な意識・世論形成に影響力を持っているのか。そして、「歴史を記す新聞」という唯一無二の称号を勝ち取ったタイムズ紙が高らかと掲げるジャーナリズムの規範を紹介すると同時に、規範とかけ離れた実態があることを明らかにします。最後に、原爆神話の形成を主導したプロパガンダについて解説していきます。

ニューヨークタイムズについては、日本人の多くがその名前を知っているだけではなく、世界的に権威ある新聞であると理解しているでしょう。この新聞の影響力は、おそらく多くの日本人が認識している以上のものがあります。

第二次世界大戦前からタイムズ紙の信頼度と影響力は突出したものでした。政府官僚と高官、外交官、政治家、そして、社会の様々な階層のオピニオンリーダーに読まれていました。アメリカだけではなく、船便で何週間も遅れて届きながらも世界中のエリートたちが世界基準の情報と評論をタイムズ紙に頼っていたのです。

何よりもその影響力を象徴するのは、他の新聞社の記者や論説委員もタイムズ紙をよりどころにしていることです。つまり他のマスメディアのニュース選択と論調にタイムズ紙の報道は大きな影響力を持っているのです。タイムズ紙の報じるニュースが社会のニュースになり、タイムズ紙の指摘する論点が社会の論点へと拡散していくことは少なくありません。

タイムズ紙は日本の読売新聞、朝日新聞のような巨大新聞ではありません。日本の全国紙は世界でも突出した発行部数を誇り、人数的な取材陣容では世界的な報道機関でも太刀打ちできるところはほとんどありません。タイムズ紙は二〇一六年一二月現在、約三〇〇万部の紙版、ネット版の購読者数を持っています。[12]しかし、このうち紙版の発行部数は平日五七万部、日曜版一〇八万部で、世界最大の発行部数を誇る読売の九〇〇万部、朝日の六〇〇万部とは比べようがありません（発行部数の世界トップ10のうち、日本の新聞社が五社入っています）。タイムズ紙の紙版の発行部数はピークの二〇一三年で平日一九〇万部ありましたが、ネット化が進むこの数年で激減しています。なお、アメリカの新聞の日曜版は雑誌のように厚く特集が多く組まれており、日曜日だけ購読する読者が多いため平日と日曜版では購読者数に大きな開きがあります。

第二次世界大戦時（一九四五年）のタイムズ紙発行部数は平日約五〇万部、日曜版八〇万部でした。[13]アメリカという巨大な国の中での五〇万部、しかも当時インターネット版はありませんから、単純な「購読者数」では日本の地方紙並みです。

ただ、新聞の社会的、政治的な影響力は発行部数とは必ずしも一致しません。繰り返しになりますが、「購読者層の質」がタイムズ紙の影響力の源なのです。戦争当時のタイムズ紙の発行部数が五〇万部だったとはいえ、世論形成に影響力のあるオピニオンリーダーから絶大な信頼を得ていたことがタイムズ紙の影響力の源泉であり、政治家、政府高官、外交官、財界人、そして、マスメディアの記者に影響を及ぼしていたのです。

「何がニュースか」を決定

主な読者層であるオピニオンリーダーは、タイムズ紙を情報源として使うだけではありません。諸問題に対する考え方（言説）までもタイムズ紙を参考にしています。そして、彼らはタイムズ紙から得た情報や考え方について、所属する会社や組織の会議、教育機関の授業、地域社会や家庭の会話を通して伝えていきます。

このようにして情報などを受けた人が同僚、地域の人、家族に伝えていくことを、メディア研究で「二段階の流れ two step flow」といいます。言葉は適切かどうかわかりませんが、情報や意見が上流（エリート層）から下流（大衆）へと口コミで伝播していくことです。第二次世界大戦時、テレビは情報源としては機能しておらず、インターネットは存在していませんでした。「二段階の流れ」は絵に描いたように機能することが多く、その流れの最上流に君臨していたのがタイムズ紙だったのです。

タイムズ紙が影響を与えるのは世論形成に影響力のある個人だけではありません。タイムズ紙は他の新聞社の記者や論説委員に影響を与え、それが記事となって間接的に情報や考え方が幅広い読者に拡大拡散していきます。

ある事件や問題についてタイムズ紙が報道すると、他の新聞も「追っかけ」をすることで全米にその事件・問題が報じられる現象があります。メディアエコーとも呼ばれるものです。タイムズ紙の報道は、(もちろん、すべてのニュースではありませんが)全米の新聞が拡声器となって隅々まで伝わるのです。インターネットやSNS全盛の現在ではその影響力の低下は否めないものの、この点では最も影響力のあるメディアであり続けています。

タイムズ紙が報道することによって、それまで社会問題化していなかったことが突如として社会の関心事となることも少なくありません。社会の関心事になるというのは、多くの人々が「これは重要だ」と認知することです。この影響のことを、社会問題設定(アジェンダセッティング)効果といいます。別の言い方をすると社会では「何がニュースであるのか」を決定する影響力のことです。[14]

タイムズ紙は、①読者に直接、②オピニオンリーダーを通して大衆に、そして、③他の報道機関を通じてアメリカ国民に、「これが重要なニュースだ」ということを設定する大きな影響力を持っているのです。

意見形成の影響力

タイムズ紙の影響力は、人々に「何が重要なニュースか」を認知させるだけではありません。そのニュースを「どう判断、評価するか」という態度・意見にも大きな力を持ち、報道機関の論調を左右する影響力があります。この態度や意見を方向づけるメディアの影響を、アジェンダビルディング、二次レベル・アジェンダセッティングといいます。

「核兵器の近代化」という問題を例に挙げます。これが社会問題になるとは、人々が「核兵器の近代化は重要なことだ」と認識することです（アジェンダセッティング）。認識しただけでは、核の近代化に対する意見は確固としたものではありませんが、報道を見聞きすることで「重要な問題だ」と考えるようになるのです。

核の近代化は「核開発競争をさらに煽《あお》ってしまい、安全保障の脅威となるので進めてはいけない」、もしくは、「圧倒的に近代化を進めて、核戦争の起こる可能性を限りなくゼロにすることなので推進すべきだ」などの意見を形成する影響力がアジェンダビルディング（二次レベル・アジェンダセッティング）です。

原爆で考えてみましょう。原爆が開発され使用されたことは、人々の関心をつかみ取りました。「とてつもない兵器が開発された！」というのが認知の段階です。意見形成とは、原爆に対する評価です。「原爆によって軍需工場を破壊し、日本を敗戦に追いやった。すばらしい。救世主だ。

しかも、放射能は爆発のエネルギーになって消え去ったというではないか。合法的な兵器だ」と考えるのがメディアによる意見形成、アジェンダビルディングの影響です。もちろん、原爆の非人道性を訴えた一部の新聞を読むことで「原爆は市民を無差別に虐殺した非人道的なものだ」という意見を持つことも考えられます。

一般にマスメディアは認知段階＝アジェンダセッティングの影響力は強いものの、人々の考えまで左右する意見形成＝アジェンダビルディングの影響力は限定的です。しかし、圧倒的な信頼を寄せられたメディアは人々の意見を左右する影響力を持ちます。その筆頭がタイムズ紙なのです。

五　信頼を勝ち取った歴史　編集方針

名声と社会への影響力を誇るタイムズ紙ですが、一八五一年の創立当初から高級紙の地位を手にしていたわけではありません。同紙が絶大な影響力を持つようになった歴史を少し振り返りましょう[15]。これによって、必ずしも信頼のできる報道を続けてきたわけではないこともあぶり出していきます。

タイムズ紙の名声を確立したのはアドルフ・S・オックスAdolph S. Ochsです。オックスは学校にも行かずに一一歳でテネシー州の新聞社の印刷工場で働き始めた人物でした。編集室の雑用係をして、別の新聞社で記者となり、将来のジャーナリズムと新聞のあるべき姿を頭の中に描きながら新聞社経営まで上っていきました。

オックスが一九世紀末（一八九六年八月一八日）に買収したときは、タイムズ紙も当時の新聞がそうであったようにゴシップやセンセーショナリズムを売り物にした大衆迎合新聞でした。[16] しかも、倒産してもおかしくないほど経営状態は危機に瀕していました。買収した翌日、当時三八歳のオックスは、温めてきたタイムズ紙の編集方針を高らかと掲載します。

（1）すべてのニュースを報道する。

Give the news, all the news.

（2）重要な公共のことに関わるすべての疑問を考える議論の場をタイムズ紙は提供する。

Make *The Times* columns a forum for considering all questions of public importance.

（3）食い違う意見を持つ人から理性的なディスカッションに参加してもらう。

Invite intelligent discussion from all shades of opinion.

（4）恐れることなく、ひいきをせず、公平に報道する。

Give the news impartially, without fear or favor.

"All the News That's Fit to Print"

The New York

Copyright, 1945, by The New York Times Company.

VOL. XCIV. No. 31,974. Entered as Second-Class Matter, Postoffice, New York, N. Y. NEW YORK, THURSDAY, AUGUST 9, 1

3-1 All the News That's Fit to Print と書かれたニューヨークタイムズ題字横の社是。1945年８月９日付

第一の方針「すべてのニュースを報道する」に基づき、タイムズ紙はイエロージャーナリズム新聞が報道しないニュースに紙面を割きました。金融やビジネスなど経済と政治に関する「硬派」（日本の新聞業界用語）のニュースです。このころの新聞は事件やゴシップが中心で、「すべてのニュース」を報じていなかったのです。タイムズ紙は政治や経済について数多く、そして、深く掘り下げた記事を掲載しました。

この方針に基づき、タイムズ紙は現在も一面に掲載されている社訓「掲載するにふさわしいすべてのニュース All the News That's Fit to Print」を打ち出したのです。オックス自身が考えた社訓です。

「硬い記事なんて誰も読まない」と揶揄《やゆ》され、「つぶれる」と中傷されながらも、タイムズ紙は編集方針を貫き続けました。今では考えられないでしょうが、「硬派ニュース」を掲載していた新聞は他にはなかったのです。その結果、財界やインテリ層から絶大な支持をあつめて大成功を収めました。

今なおタイムズ紙は「歴史を記録する新聞 Newspaper of Record」、つまり、世界の歴史を（正しく）記録している、歴史を振り返るにはタイムズ紙の記事を読めばいい、という評価を引き継いでいます。タイムズの社主

も「その時代の完全な記録を読者に伝えること」が責務であると提唱していました。他の新聞はそうではなかった、つまり、センセーショナリズムに傾注していたわけです。こうして、タイムズ紙は人々から高い信頼を寄せられ、今に至る評価を勝ち取ったのです。

テレビのない当時の新聞は突出した広告媒体でもありました。広告を掲載すればするほど金を生み出していたため、他の新聞は記事よりも広告のほうが多かったのです。しかし、タイムズ紙は記事の面積のほうを大きくし、また、総ページ数も増やして、質量ともに「ふさわしいすべてのニュース」を読者に届けたのです。この伝統は今も残り、タイムズ紙の記事は長いものが多く、特集でなくても一ページすべて、それ以上の紙幅を使った記事は珍しくありません。日本の新聞ではあまりない紙面構成です。軍との裏取引をしていたローレンス記者の存在もありましたが、一九四五年八月七日以降の原爆に関する報道も他紙と比べて圧倒的な分量の記事が掲載されています。

また、方針の二と三、「議論の場の提供」「食い違う意見の議論を促す」という点でも、タイムズ紙は他紙とは一線を画していました。第二次世界大戦中という究極の状況であっても、アメリカやイギリスの連合国側の声明を掲載しただけではなく、自国の主張や利益と真っ向から対立する日本やドイツなど枢軸国側の宣言も掲載しました。ただし、この点は原爆報道ではまったく当てはまっていません。

こうした編集方針に沿ったタイムズ紙の取り組み、他紙がとても模倣のできない編集方針を実行し続けたことが、「今の時代の完全な記録を読者に届ける高級紙」という比類ない名声を確立させたのです。

専門記者の集団

タイムズ紙の現在に至る名声は、二〇世紀初頭の第一次世界大戦のときには確立されていました。理由は、これまで説明してきた編集方針以外にもあります。単純なことです。当時タイムズ紙は新聞社として世界で最も多くの記者を擁していました。記者の数だけではありません。記者の質も（例外はありますが）高い倫理性と専門性を備えていました。日本の新聞社に多い「何でも屋記者」を廃し、「専門記者」の集団に早くから移行していたのです。

専門記者を配した最初の分野が「科学」でした。その専門記者第一号こそ、ローレンス記者だったのです。一九三〇年に科学専門記者となったローレンスは、人類の歴史を揺さぶり変えることになった原子力問題に早くから注目していました。原子力関連の進展があるごとに世界に先駆けた報道と解説をしていました。

軍が原爆情報操作の担い手としてローレンスを選んだのは、タイムズ紙の名声と影響力に加え、彼が比類ない科学記者だったからです（本章一節参照）。

六　「タイムズ神話」の解体　権力との癒着

さて、タイムズ紙の四番目の方針「何も恐れず、誰にも与しない公平な報道」をどう実現させようとしたのでしょうか。常に実践していたのでしょうか。

オックスは、公平な報道を担保するためにタイムズ社の組織改革を行いました。徹底した区画化・コンパートメント化です。新聞社の最大の収入源である広告部局と編集局を独立させて互いに介入できないようにしました。編集局内でも、論説委員やコラムニストが、記事部門に口を出せないようにしました。このようにして、政治家、そして、最大の収入源の広告主からも、また、同じ新聞社内でも論説委員などの高地位にいる記者からの影響を排除したのです。[17]

編集方針は高々と掲げられ、新聞一面の「題字」The New York Times の真横には、All the News That's Fit to Print が一八九七年から一日も欠かさず掲載されています。アメリカのジャーナリズムの行動規範はタイムズ紙が築き上げ、タイムズ紙が実践してきました。しかし、残念ながら現実は必ずしもそうではありません。

タイムズ紙の歴史の中では、大統領を含む政府高官や銀行幹部との記事の差し止めなどの取引が行われてきました。

「恐れを抱かずひいきをせず、公平に報道する」と高らかに宣言したオックス自身も、家族、そして編集長には「タイムズ紙は政府を支持すべきだ。政府の方針に沿ってやっていくべきだ」と話していたと伝えられています。[18]事実、セオドア・ルーズヴェルト大統領（Theodore Roosevelt 在任一九〇一—〇九年）に懇願されてインタヴュー内容を削除したことも、また、ウォレン・ハーディング大統領（Warren G. Harding 在任一九二一—二三年）政権下の大疑獄事件 Teapot Dome scandal では連邦政府を貶める情報を報道しなかったことなど、実は政府との癒着は枚挙にいとまがないほどあります。[19]

ローレンス記者の例は、数あるタイムズ紙の権力側との裏取引、謀議の一つなのです。

かつては人種差別主義

権力との結び付きのほかに、ニューヨークタイムズの人種差別についてもふれておきましょう。現在ではタイムズ紙の編集室は人種的にも文化的にも多様化しています。人種差別は過去の話です。しかし、かつては白人ばかりでした。仮に原爆がドイツに投下されていたら、タイムズ紙の原爆報道はどのようなものだったでしょうか。原爆の実相を報じ、放射能の影響を隠蔽することなく、政府の秘匿を暴く報道がされたかもしれないという指摘があります。[20]

広島と長崎への原爆攻撃に続く南太平洋での核兵器実験では、放射能汚染の深刻な被害が出ました。被害者はマーシャル諸島などの有色人種の人々です。広島と長崎の原爆報道と同じように、タイムズ紙は放射能の影響について無視、否定、過小評価を続けました。

アメリカが日本に、しかも市民の暮らす都市の中心部に原爆攻撃した理由は、戦争を終結させるための手段、真珠湾攻撃に対する復讐心、巨額の予算の正当化、ソヴィエトを威嚇する目的がありました[21]（六章神話②参照）。それに加え、有色人種に対する人種差別があったことは否定できないでしょう。

イラク戦争への誘導

ここで二〇〇三年のイラク戦争に至る過程で果たしたタイムズ紙の報道を振り返ってみましょう。ジョージ・W・ブッシュ大統領（George W. Bush　在任二〇〇一—〇九年）が先制攻撃に踏み切った大義名分は、当時のサダム・フセイン大統領下のイラクが原爆などの大量破壊兵器を開発、所有しているというアメリカの主張でした。実際には、イラクには大量破壊兵器は存在せず、開発もしていなかったことが今では明らかになっています。また、戦争は間違いであったとアメリカ国民の圧倒的多数は判断しています。しかし、イラク戦争前のアメリカ国民の多くは、イラクが原爆を開発しているか、あるいはすでに所有していると信じていました。タイムズ紙に限りませんが、アメリカの主要メディアの多くがイラクの大量破壊兵器開発・所有疑惑を徹底的に報道したからです。

中でも世論形成だけではなく政策決定にも大きな影響力を持つタイムズ紙が、アメリカを戦争に向かわせる主役の一人となりました。タイムズ紙の記事は、イラクが原爆を開発している「証拠」となり、そして、戦争を正当化する「根拠」にまでなりました。最も有名なのは「フセイン大統領は原爆所有を加速」とする一面掲載記事です。[22] この記事では、核兵器に使える部品をフセインは入手し、原爆を手にするのは時間の問題だという印象を与えるものでした。「原爆のキノコ雲が立ち上ってイラクは原爆を持っていることの証拠になってしまっては手遅れだ」という証言を引用するなどして人々の不安も煽りました。

当時の国務長官らブッシュ政権のホワイトハウス高官は一斉にタイムズ紙の記事を手に持ってテレビの政治番組やニュース番組に登場しました。タイムズ紙の一面記事をテレビカメラの前に掲げ、「ニューヨークタイムズが、フセインは原爆を手に入れそうだと報じている」と視聴者に訴えたのです。タイムズ紙の報道を出発点とする情報の爆発的拡散が起きたわけです。

この「原爆のキノコ雲」記事はあたかも客観的事実として政府高官に利用され、そして、人々もそう受け取りました。しかし、そもそもこの記事が伝えている情報の出所（リーク元）はアメリカ政府・諜報機関です。記事にも明記されています。タイムズ紙が報じると、「客観的事実」になってしまうわけです。「広島に放射能はない」「放射能による後遺症と死亡は嘘と誇張」と政府・軍の言うままにタイムズ紙が報じたものをあらためて政府高官が論じた場合の影響は想像がつくと思います。

国民世論をイラク先制攻撃支持へと誘導するためにタイムズ紙と政府諜報機関が共謀したという証拠は見つかっていません。タイムズ紙はのちに、「原爆のキノコ雲」だけでなく数々のイラクの大量破壊兵器の開発所有を伝える記事は結果的に間違いであったものの、その時点では信頼できる諜報機関の情報を確認した上で報道したと、歯切れの悪い弁明をしています[23]。実は、タイムズ紙ではイラクの原爆開発を疑問視する記事が別の記者によって何本も書かれています。しかし、こうした疑問を呈する記事は紙面の中ほどの目立たないところに掲載されました。逆に大量破壊兵器開発所有を肯定する記事は、一面に掲載されることが多かったのです。当時、こうした「編集方針」、もしくは「暗黙の了解」がタイムズ紙編集室にあったことを物語っています。

間違いなく言えることは、タイムズ紙は結果としてイラク戦争を正当化するための「客観的事実」や「根拠」として紙面を政府側に提供したこと、そして、人々にイラクの原爆開発とその所有を信じ込ませ戦争支持に大きく傾けさせた一つの要因となったことです。

権力の監視役の務めも

タイムズ紙の名誉のために付け加えなければならないことは、理想のジャーナリズムを提唱し体現してきた新聞であることは間違いないことです。他の報道機関の模範であり続けていることも事実です。ヴェトナム戦争時には軍の極秘報告書「ペンタゴンペーパー」を入手し、戦争勃発のきっかけや空爆による市民の犠牲について軍が隠蔽していたことを暴いたのはタイムズ紙です。ホワイトハウスの圧力に屈せず、また、政府の報道差し止め訴訟にも報道で対抗するというジャーナリズムの神髄を発揮しました。

また、ワシントンポストに終始主導権を握られたとはいえ、ニクソン政権の暗部を明らかにし辞任に追いやったウオーターゲート事件の報道では、タイムズ紙も大きな貢献をしています。このように、権力を監視するというジャーナリズムの金字塔的な報道はいくつもあります。

問題は、タイムズ紙はすべての報道について厳格な規範に基づいて誰にも与しない公平な報道をしていると人々が信じていることです。必ずしもそうではないのです。一章と二章ではタイムズ紙の権力との共謀や事実に反する放射能否定報道を検証してきました。歪曲や虚偽であっても、タイムズ紙が報道することはほとんどそのまま事実として歴史に刻まれてしまうのです。

七　プロパガンダと情報操作

鳥の雛《ひな》は孵化《ふか》して初めて目にするものを母親と見なす習性があります。「刷り込み」、もしくは「刻印」効果と呼ばれるもので、人間でも当てはまることがあります。初めて会った人の第一印象と、会ったことのない人の他者による評価は、好き嫌いに大きな影響を与えます。もちろん、つきあい続けるうちに、嫌いだと思った人を見直す場合もあれば、逆にいいと思っていた人に対して落胆することもあります。

その後、つきあう機会がないか、その機会が限られた場合はどうでしょうか。第一印象や最初に聞いた他者による評価が、その人に対し生涯続く態度になる可能性が高くなります。その他者が信頼できる人であればあるほど、その人に対する態度がより決定的になることは、経験から学ぶことです。

これと同じことが、原爆理解にも当てはまります。アメリカ政府と軍はこのことを十分わかっていました。ニューヨークタイムズの高い評価と信頼度は、人類の誰も知らなかった原爆の情報を提供し公開するために最も都合のいい媒体（メディア）だったのです。

タイムズ紙の信頼を利用

自分にとって都合のいい意見や態度に相手を導く宣伝・情報操作をプロパガンダといいます。第一次世界大戦前後の欧米では、マスメディアと心理学は密接に結び付けられ、プロパガンダ研究が発展しました。特にアメリカの大学や研究機関ではマスメディアと説得の研究が飛躍的に進み、プロパガンダ研究は政治家の選挙運動、企業の広告に応用されていきました。

研究の結果、より尊敬され信頼される人物に諭されると、説得される程度も頻度も高いことが証明されました。さらに、「説得されている」と感じていないときのほうが、より「説得される」こともわかりました。つまり、政府によるプロパガンダと気づかれないもの、信頼度の高い第三者からの客観的な情報の提供を受けていると感じさせることが、最も効果的なプロパガンダ作戦なのです。

政府と軍は、絶大な信頼を寄せられているタイムズ紙に「第三者からの客観的な情報」として原爆について代弁させたわけです。こうして、アメリカ国民の原爆理解を都合よく誘導し、原爆神話を形成していくプロパガンダ作戦を成功させました。

情報を独占したローレンス記者

プロパガンダをより効果的、決定的に遂行するために重要なことがあります。それは、「情報の独占」です。他に依拠できる情報がなければ、反論はおろか疑問を抱くことさえかないません。「情報の独占」は人を説得するのに最も効果的な手法の一つです。原爆という（政府や軍のごく一部を除いて）誰も知らない、見たことのないものについては、報道機関も人々も情報の独占者（＝政府・軍）に頼らざるをえませんでした。原爆の実戦使用を伝える情報は、ローレンス記者があらかじめ準備し軍が発表したトルーマン大統領の声明、記者発表資料、模範原稿「だけ」しかなかったのです。

原爆開発の全容を知るのも、人類初の原爆の炸裂と原爆投下を目撃したのも、記者ではローレンスただひとりだけでした。全米の新聞に転載された彼の書いた記事は、反対や反論をすることは非常に難しかったのです。原爆の情報操作にとって、どれほど効果的だったでしょうか。

第四章

原爆神話の確立

陰の主役ハーヴァード学長

ニューメキシコ州アラマゴードで実施された最初の原爆実験。1945年７月16日（Harry S. Truman Presidential Library & Museum 72-4148）

一　ハーシーの『広島』が伝えた市民の犠牲

ニューヨークタイムズのローレンス記者と軍との裏取引による情報操作は、他のメディアや言論人、そしてアメリカ市民の原爆理解と原爆イメージを方向づけました。「原爆投下は真珠湾攻撃で先に仕掛けた日本に対して行われたもので、軍の施設を破壊した」「放射能は残っておらず、戦争を終結させた正当かつ人道的な行為だ」という原爆神話は、大方のアメリカ人の心に根付き始めていました(1)。

アトミックボム（原爆）と聞いてアメリカ人が頭に浮かべるイメージは、立ち上る「キノコ雲」、そして、「軍事施設と建物が壊滅した廃墟」だけでした。熱線で黒焦げになった女性や子供、放射能障害で苦しみ続ける被爆者のことは、多くのアメリカ人の意識の中に存在していませんでした。

広島と長崎への原爆攻撃から一年が過ぎた一九四六年八月末、深く根を下ろし始めていた原爆神話を揺さぶることが起きました。

ジャーナリストのジョン・ハーシー John Hersey が広島で被爆者と会って取材した記事「HIROSHIMA」（以下『広島』）です。原爆による市民の犠牲となお続く苦難が、初めてアメリカ国民に届いたのです。

雑誌『ニューヨーカー』*New Yorker* はこの記事が掲載されると瞬く間に売り切れました。[2] この「八月三一日号」はすべてのページを使って『広島』だけを掲載しています。創刊以来、初めてのことでした。出版社は雑誌を増刷、新聞は記事をそのまま再掲、ラジオは全文の朗読を放送、[3] そして本として出版されるとベストセラーになりました。

これに触発されるように知識人や主要メディア、さらに第二次世界大戦を戦い日本への空爆を指揮したカーティス・ルメイ Curtis LeMay 将軍などの司令官ら、戦争の英雄からも原爆実戦使用に対する疑問や非難が現れてきました――原爆を使わなくても戦争は終結していたのではないか、原爆実戦使用はソヴィエトを威嚇する「原爆外交」の目的があったのではないか、そして、女性や子供を無差別に殺戮したのなら非人道的な行為ではないか[4]――と。

ハーシーの『広島』がきっかけとなり、アメリカ人の原爆理解の中に、これまで欠落していた「市民の犠牲」という事実が入り込んできました。そのため、固まりきっていなかった「原爆＝軍事基地と軍施設など建物の破壊＝戦争終結＝正義の行為」という原爆神話の図式が揺さぶられ、

4-1　ジョン・ハーシー（1975年、朝日新聞社）

「原爆使用の決定」に対する疑問が湧き起こりました。原爆の開発と使用を立案指導してきた者にとり、原爆神話を確立させる必要に迫られたのです。

二 対抗広報作戦 信頼と尊敬で原爆神話の確立

信頼性がプロパガンダと説得の重要要素であることを三章で説明しました。狙いどおりに信じ込ませるためにさらに重要なことは、人に寄せられる尊敬です。ニューヨークタイムズは突出した信頼度があるとはいえ、敬愛を受けるものではありません。個人としてのローレンス記者の社会的な影響力は極めて限られていました。一般のアメリカ人で彼のことを知っている人はいませんでしたので、尊敬されようがありません。

ひとりの人間として国民からの絶対的な信頼を寄せられ、心から敬愛される人物の発言はどれほどの説得力を持つでしょうか。原爆の開発から実戦使用決定までの最高責任者が自らの言葉で説明すること以上に信頼されるものはないでしょう。

このことを陰で立案し実行したのが、ハーヴァード大学の学長、ジェイムス・B・コナントです。(5) 揺らぎ始めていた原爆神話を、多くのアメリカ人の心の中に史実として確立させた仕掛け人です。

絶大な信望を持つ戦争長官を説得

コナント学長が、原爆神話を確立するために選んだのは第二次世界大戦の戦争長官、ヘンリー・スティムソン Henry L. Stimson でした。当時七八歳のスティムソンは戦後すぐに引退していました。しかし、彼の栄光は消えることはなく、スティムソンは勝利をもたらした英雄として国民から絶大な尊敬を受けていました。原爆は戦争省が開発したものですから、その最高責任者のスティムソンが原爆を語る以上に説得力のあるものはないとコナントは考えたのです。(6)

スティムソンの経歴をたどると、公職に就く指導者としてどれほど国民から尊敬されていたのかがわかります。弁護士、検察官を経て、第一次世界大戦直前までタフト大統領(William Howard Taft　在任一九〇九―一三年)の下で戦争長官(一九一一―一三年)を務めました。その後、クーリッジ大統領(Calvin Coolidge　在任一九二三―二九年)にアメリカ領時代のフィリピン総督(一九二七―二九年)を任じられ、フーヴァー大統領(Herbert Hoover　在任一九二九―三三年)の下では国務長官(一九二九―三三年)を務めています。いずれの大統領も共和党で、当然のことながらスティムソン自身も共和党員でした。

そして、民主党のフランクリン・D・ルーズヴェルト大統領は、第二次世界大戦の遂行のためにスティムソンを戦争長官(一九四〇―四五年)に任命しました。長年にわたり最重要の公職を務め、共和党と民主党の二大政党を超えて国に尽くし、第二次世界大戦という「善き戦争」(7)に完全勝利をもたらしたスティムソンに対して国民が寄せた尊敬のほどがわかるでしょう。

コナントは、当事者、つまりスティムソン自らに原爆使用決定を論文として記させることで原爆論争に終止符を打とうとしたわけです。原爆神話の確立が喫緊の課題だとコナントが痛感した理由と背景、スティムソン論文が書き上げられるまでの経緯などについては、本章の後半で説明していきます。

まず、スティムソン論文の内容と世論に与えた影響について、そして、「スティムソン論文に

4-2　ヘンリー・スティムソン。1929年ごろ

書かれた史実＝原爆神話」と「本当の史実」との乖離《かいり》についてこれから説明しましょう。わかりやすいように原爆神話で事実だと信じられていることを「かぎかっこ」を付けて「史実（事実）」「原爆神話の史実」、一方で歴史学者による検証や公文書で裏付けられていることを史実、事実と書き分けます。

三　原爆神話の決定打　スティムソン論文

スティムソンの論文「原爆使用の決定」は一九四七年二月号の『ハーパーズ・マガジン』*Harper's Magazine* に掲載されました。[8] ハーシーの『広島』から半年後のことです。

「この数カ月、広島と長崎に原爆を投下した決定について多くの意見が出ている。この決定はわが国の政府による最も重大なものの一つである」と始まるこの論文は、原爆が使用されるに至った理由と決定要因、その結果として原爆がもたらした勝利と救った人命についての当事者からの説明であると記されています。[9] さらに使用しなかった場合に考えられること（戦争の長期化とアメリカ人の膨大な犠牲者）についても書かれ、原爆使用しか選択肢がなかったことが読者＝アメリカ国民に語られています。

スティムソン論文の内容のほとんどすべては「史実」としてニューヨークタイムズなどの主要

メディアは絶賛し、圧倒的多数の国民に受け入れられました。信じたいことを尊敬できる人から聞き、同時にメディアによる賞賛が原爆神話を決定的に確立させたといえるでしょう。信じたいこと（＝心理的また道徳的に心地よいこと、自分を肯定してくれること、すでに信じていることを裏打ちしてくれること）を求める「選択視聴」、それによって確固とした信念に固まっていく「意見強化」という人間の心理現象が起きたわけです[10]。

では、詳しく論文を検証していきます。

まず、「一九四一年から一九四五年まで、大統領や政策決定者から原子エネルギーを戦争で使うべきではないという声は一度も聞かなかった」と原爆を使用することに何も疑問が起きなかったことが前置きされます。そして、「戦争を通して、原爆を最初に開発して使用するということは共通の目的であった。途方もない破壊力を持つと予想された原爆は近代戦で使われる殺傷兵器と同じように正当なものであると考えられた」と原爆は通常兵器の延長であることが強調され、読者の考えを誘導していきます。

論文には史料がちりばめられました。自分と大統領とのやり取りを残した日記からの引用、また、ホワイトハウスの機密情報だった議事録や覚書が原文のまま（ただし、「原爆神話」に合致する箇所だけが）引用されています。史実に基づいた論文であることが強調されています。

例を挙げましょう。原爆開発の終盤になり中心的役割を果たしたシカゴ大学の科学者を中心に原爆実戦使用の中止を求めていた運動が広がっていました。このことに対抗するため、スティムソン自身の一九四五年三月一五日の日記を引用しています。「〔マンハッタン〕計画では四人のノーベル賞受賞者とともに実質的にすべての著名な科学者は我々と一緒に努力している」

また、原爆の標的から軍事的利用法、科学的開発、法整備、戦後の核管理、そして、広報まですべての方針を決め、大統領に答申した「暫定委員会」についても、その役割とともに構成員の名前と肩書を挙げて説明しています。スティムソンが委員長を務め、この論文を仕組んだコナント学長、さらにマサチューセッツ工科大学（ＭＩＴ　Massachusetts Institute of Technology）のカール・コンプトン Karl T. Compton 学長も委員でした。二人の学長は著名な科学者でした。

さらに、暫定委員会の内部組織として、原爆の科学研究の最高責任者のロバート・オッペンハイマー博士と三人のノーベル物理学賞受賞者(11)で小委員会を構成したことで、原爆開発に携わったすべての科学者の意見を吸い上げたと（事実と異なって）強調しています。敵国に対して原爆を使用することに疑問を呈したとする科学者による文書（「フランク報告書」のこと。五章六節参照）についての言及はありますが、スティムソンは議事録を引用し「〔一部に疑問は出たものの〕他の科学者は原爆を即刻使用することでアメリカ人の生命が救われることを強調しており、さらに国際的な面、つまり〔原爆の使用によって〕戦争の阻止が図られると信じている」と打ち消しています。

こうした過程を経て、スティムソンが代表を務めた暫定委員会は、科学者で構成する小委員会とさらに協議をした後、一九四五年六月一日に全会一致で次のことを決定したと述べています。

一　原爆は可能な限り早く日本に対し使われるべきである。

二　原爆は二つの標的に対して使われるべきである。すなわち、軍の施設もしくは軍事工場が、攻撃に対して脆弱《ぜいじゃく》な家屋や建物に取り囲まれているか近くにあること。

三　事前の警告なしで使われるべきである。

この後、「事前の原爆投下警告」「原爆の実演」のいずれも日本を降伏させる可能性はないと、「熟慮の末に結論づけられた」と強調してあります。そして、原爆は「命を救った」という原爆神話が顔をのぞかせます。「天皇と軍の相談役から降伏を引き出すためには、とてつもない衝撃によってわが国の軍事力は日本帝国を破壊することができることを示さねばならない。この効果的な衝撃によって、原爆による犠牲の何倍ものアメリカ人と日本人の生命を救うことになる」。なお、「事前の警告なしで使う」とスティムソンは事実を書いていますが、戦後、トルーマン大統領らによる「一〇日前に原爆の警告をした」と史実を捻じ曲げる発言や映画が現れてきます。

さて、この論文にはお決まりの「日本は真珠湾攻撃というだまし討ちで戦争を仕掛けたので原爆を投下されて当然だ」という正当化レトリックも盛り込まれています。「真珠湾攻撃」という言葉自体は論文中に使われてはいませんが、日本に対する軍事作戦の大統領答申文書（一九四五年七月二日付）を引用し、こう記しています。「日本によるだまし討ちの被害者であることにより、我々は道徳的にはるかに優れている」

真珠湾攻撃をよりどころに日本に対しては何を行なってもすべては正当化されるという、アメリカ中にあふれていた考え方です。ニューヨークタイムズのローレンスも記事や自著の中で繰り返し使ったレトリックです。

MIT学長に「根回し」も

コナントは、スティムソン論文を効果的にするために別の有力者による論文の発表も周到に手を回していました。原爆使用の方針を決めた「暫定委員会」の一員だったコンプトンMIT学長による論文です。[12] コナントが自分で論文を書かなかった理由は、原爆を開発した科学者にまったく信頼されていないことをコナントは自覚しており、反発を招くと予想していたからです。[13]

コンプトン学長による論文「もし原爆が使用されなかったら」は影響力の大きい政治雑誌『アトランティック・マンスリー』*The Atlantic Monthly* の一九四六年一二月号に掲載されました。[14] 二カ月後のスティムソン論文を効果的にするための「露払い」ともいえるでしょう。コナントが裏で仕切った二つの論文は、MIT学長と戦争長官が「史実」を連発することで相乗効果を高め、原爆の実戦使用の正しさを補完する内容に仕組まれていました。

スティムソン論文では、「自分だけではなく、MITの学長も同じように判断している」とでも言うかのようにコンプトン論文を引用し、このように結論づけています。「わたしが見たすべての証拠は、日本に降伏を決断させた決定的な要因は、原子爆弾であることを示している」「八月六日、一機のB29が一発の原爆を投下した。三日後、二発目の原爆が長崎に投下され、そして、戦争は終わった」

二発の原爆の間に起きた日本降伏の決定要因、ソヴィエトの日本に対する参戦については、この論文の中のどこにも書かれていません（日本の降伏要因については**六章神話②参照**）。また、スティムソン論文では「原爆は大規模破壊兵器以上のものである。つまり、心理兵器でもある」とされてはいますが、原爆の破壊力が通常兵器の延長とされているだけです。放射能の影響については一言も書かれていません。[15]

4-3　カール・コンプトン MIT 学長（1949年、Harry S. Truman Presidential Library & Museum 97－1833）

さらに、原爆の投下目標は軍事施設に限るべきであると論文で繰り返されています。このことは広島と長崎の二つの都市が壊滅した現実と異なるだけではなく、実際に暫定委員会で決定されたこととも異なります。原爆による市民の無差別殺戮は、自分が提案して決まったことが史実に刻まれることをコナントは巧みに回避しています（スティムソン論文はゴーストライターを使ってコナントの意向をまとめ上げたものであることは本章七節参照）。

偽られた「命を救った原爆」

そして、原爆神話の中核となる「新しい事実」が盛り込まれます。原爆を使用せずに本土決戦になった場合、戦争は一九四六年の後半になるまで終わらないと予測し、その結果について論文はこう記しています。

わたしはこう報告を受けた。日本の本土上陸作戦を実行した場合、アメリカ軍だけで一〇〇万人を超す損耗人員（＝casualties）を出すことになる。さらに多くの犠牲がわが国の同盟軍に出ると予想される。わが軍の作戦が成功した場合、これまでの経験から判断すれば、敵の損耗人員はわが軍よりはるかに大きなものになる。

この一節が原爆神話確立に与えた決定的な影響力について解説する前に、「損耗人員 casualties」という軍事用語を説明しておきます。「損耗人員」とは「死傷者」に近い意味で、戦死だけではなく、負傷、行方不明、捕虜などをすべて含めたものです。アメリカでは「戦死者」（KIA, killed in action もしくは fatalities）と誤解されることが非常に多い言葉です。

第二次世界大戦のアメリカ軍の損耗人員中の戦死者の率は二割でした。スティムソン論文中の

「一〇〇万人を超す損耗人員」というのを、戦死者に換算すると「二〇万人を超える」となります。ところが、スティムソン論文の内容がアメリカ国民に広がっていくうちに、原文の「一〇〇万人を超えるアメリカ兵の損耗人員を出さずにすんだ」（つまり、二〇万人を超す戦死者を出さずにすんだ）が、いつの間にか「一〇〇万人以上の戦死者を出さずにすんだ」、「一〇〇万人以上のアメリカ人の生命を救った」と信じられるようになりました。

さらには一〇〇万人という数字は「数百万のアメリカ人の命」に膨れ上がることもあります。その果てにドイツによるユダヤ人大虐殺（ホロコースト）の犠牲者数の六〇〇万人、もしくはそれ以上の命を救ったという主張さえあります。(16) その結果、「原爆は、もう一つのホロコーストを未然に防いだ」と大絶賛されるのです。(17) 原爆はホロコーストそのものなのですが、アメリカ人以上の日本人の命を救った慈悲深い行為とさえ見なされるようになりました。原爆は神格化され、一〇〇万人（もしくはそれ以上）の命を救ったことは「史実」として信じられているのです。今なお、軍将校だけではなく政府官僚、知識人まで、原爆の議論となると決まったように「一〇〇万人のアメリカ人の命を救った。それよりはるかに多くの日本人の命を救った」と正当化の決めぜりふとして使われ続けています。(18)

しかし、「一〇〇万人、それ以上の命」はもちろんですが、スティムソン論文の「一〇〇万人以上の損耗人員」（二〇万人以上の戦死者）さえも、捏造されたものです。軍による公式の損耗人員と戦死者数の予測は存在しますが、当時はまだ非公開の機密文書でした。そのため「一〇〇万人」が根拠のないでっち上げの数字であっても、史実を突きつけて反証することはできなかったのです。戦争長官が軍の情報について述べている論文ですから疑いようもなく、「史実」として広がり、そして、原爆が救った命の数は何倍何十倍にも膨らんでいったのです。

さて、スティムソン論文はいくつもの機密文書を引用しています。引用にはホワイトハウスの了承が必要であったので、彼が戦争長官だったこと以上に、コナントが手を回したホワイトハウスぐるみの組織的な対抗広報作戦であったことを示しています。引用された機密文書は、原爆使用を正当化する都合のいい部分だけです。なお実戦使用に関係する「都合の悪い」機密文書は戦後何十年も封印されていました。

しかし、不可解なことがありました。スティムソン論文の主張とは相反する内容の軍の公式調査結果がすでに公開されていたのです。

公式調査との食い違いは報道されず

スティムソン論文が発表される約半年前の一九四六年六月末、「合衆国戦略爆撃調査」という軍の公式調査結果が発表されています。(19) 原爆を使用しなくても、そして、本土決戦をすることもなく、通常兵器による空襲と海上封鎖によって日本は遅くとも一九四五年末に、おそらく同年一一月一日前には降伏していたと公式調査は結論づけています。

このトルーマン大統領が実施を命じた「戦略爆撃調査」は公表されていながら、どういう理由か断定はできませんが、あまり報道されていません。つまり、アメリカ国民の意識の中には「原爆を投下しなくても、本土決戦を実行しなくても、戦争は終わっていた」という公式調査結果の情報は存在していないのです。

スティムソンは第二次世界大戦の戦争省の長官を務めた人物です。軍の最高地位にいたスティムソンが、退職していたとはいえ軍による公式調査結果を完全に無視し相反することを堂々と論文にしたため発表しているわけです。「戦略爆撃調査」の内容は、国務長官、海軍長官、そしてスティムソンの後任の戦争長官によって承認されています。退職していたとはいえ軍の最高位の長官による「論文」の主張が「戦略爆撃調査」と異なっていたことは、主要メディアや優秀な記者であればつかんでいたはずです。権力の監視役たる報道機関は、なぜ報道しなかったのでしょうか。メディア側が自主規制したか、あるいは報道協力の要請がなされたかのいずれかではないでしょうか。

スティムソン論文に戻りましょう。論文の締めくくりは、原爆使用の決定がどれほど深い熟慮の末に下されたか、そして、その正当性が何度も繰り返し述べられています。責任者として関わってきた原爆が実戦使用に至るまでの過程と理由を「すべて正確に述べた」とした上で、「わたしと同じ責任を持つ別の人が別の選択をして大統領に進言することは考えられない」と断言しています。最終段落にかけて念を押すように、以下のように語られています。

戦争を終結させ、わたしが育ててきた陸軍の兵士たちの犠牲を最小限にすることがわたしの最も大事な目的であった。〔中略〕戦争をすぐに終わらせ、生命を救う可能性を持つ兵器を手にし、それを使わなかったら、国民に顔向けできないではないか。〔中略〕それは最も悲惨さのない選択だったのだ。〔中略〕広島と長崎への原爆投下が戦争を終結させたのだ。

この論文の末尾には「この記事の例のない公共的な重要性から、記事の部分的、またすべての転載を新聞と雑誌に無償で認めます。編集長」と記されています。ハーシーの『広島』に対抗して書かれただけに、スティムソン論文も類似した拡散手法が取られました。『広島』は全文掲載が条件でしたが、スティムソン論文は一部でも全文でも新聞・出版社の自由にできました。莫大な発行部数を誇った雑誌『リーダーズダイジェスト *Reader's Digest*』を含む多くの新聞雑誌が再掲載をしています。[20]

四　論文は原爆の「正典」に

コナント学長の狙いどおりに、スティムソン論文の内容は「事実」に基づく「史実」として認められ、予想をはるかに超える反響がありました。権力の監視役であるべき新聞などの報道機関は、内容の検証をすることなしに手放しで絶賛しました。無償提供された記事と賞賛する評論は全米のマスメディア（新聞、雑誌、ラジオ）によってアメリカ国民に伝えられ、「史実」として確立していったのです。

ニューヨークタイムズはスティムソン論文を裏打ちする記事を連日掲載して原爆神話の確立に大きな貢献をしています。ローレンス記者とともに原爆神話の素地をつくり、放射能の影響を否定し続けてきたタイムズ紙ですので、驚くには値しないかもしれません。二章で解説したとおり、原爆を肯定し続け、放射能を否定し続けることがタイムズ紙の何らかの編集方針に存在したか、あるいは暗黙の了解があったのではないでしょうか。

ローレンス記者の絶賛

一方、コナントがタイムズ紙の編集者や記者に対して働きかけをしたかどうかはわかりません。しかし、これから取り上げるタイムズ紙のスティムソン論文に対する報道を検証してみると、コナントとタイムズ紙は示し合わせていたのではないかという疑念を抱かざるをえません。真相はわかりませんが、スティムソン論文が掲載された『ハーパーズ』発売日、一九四七年一月二八日付のタイムズ紙一面トップ記事から読み取ってみましょう(21)。

この記事を書いたのは、他ならぬローレンスです。記事の見出しはこう語ります。

戦争を終結するためにトルーマンは原爆を使った　スティムソンは語る
二発の原爆しかないときに、科学者が使用を要請したと元長官が明らかに
大統領も見解を裏付ける

こうした見出しよりも重要なことを読者に印象づけたと考えられるのは、スティムソン論文は「初の公式見解」であると強調した記事の書き出しです――「今日、世に出たスティムソン元戦争長官による論文は日本に原子爆弾を使用した歴史的決定に対する初の公式見解である」ハーシーの『広島』をきっかけに湧き起こっていた原爆に対する非難や疑問のすべては「非公式」なものであり、スティムソン論文こそが「公式見解」であると強調しています。公式の調査結果である「戦略爆撃調査」のことは、一言もふれてありません。続く二段落目では「全米のトップ七人の科学者は心の底から投下の決定を支持していた」とし、実戦使用に対する非難の中心的な存在だった原爆開発科学者の集団を見下すような表現で書かれています。

そして、この記事の三段落目に、コナントによる情報操作と対抗広報作戦の一端が顔をのぞかせるくだりが登場します。「『アトランティック・マンスリー』最新号に掲載されるトルーマン大統領からMIT学長であるコンプトン博士に宛てた書簡は、スティムソン氏〔の論文〕が完全に真実であることを裏付けている」。つまり、トルーマン大統領、スティムソン元戦争長官、コンプトンMIT学長の「三巨頭」が原爆実戦使用を完全に正しいものと主張している、だから否定

しようがないとローレンスは強調しているのです。

この三人が登場する情報操作と世論に対する影響力は少しばかり複雑です。これまでの経緯を振り返りながら説明しましょう。

まず、コナントは裏で手を回し、[22]スティムソン論文の露払いと相乗効果を狙ったコンプトンMIT学長による「もし原爆が使用されなかったら」論文を世に出します。先述のとおり、コンプトン論文は一九四六年一二月号の『アトランティック・マンスリー』誌に掲載されました。コナントのハーヴァード大学とコンプトンのMITは同じマサチューセッツ州ケンブリッジにあり、二人の学長とスティムソンは原爆実戦使用の方針から戦後の利用までの政策を立案した実質的な最高決定機関「暫定委員会」の七人の委員のうちの三人です。

コンプトンは論文の冒頭で、終戦一週間後に進駐軍とともに科学調査団の一員として日本に渡ったこと、そして、横浜で聞き取りを行なった日本軍の将校の発言、「すべての日本人が死ぬまで我々〔日本〕は戦い続けたであろう」を紹介します。日本人は一人残らず玉砕する覚悟だったことを前置きした後に、ハーシーの『広島』後に湧き起きている原爆に対する疑問や批判をやり玉に挙げます。「こうした議論が展開されているが、わたしにとり完全に虚偽としか思えない」と断じます。

さらに、広島原爆の前にはフィリピン・マニラに駐屯していたマッカーサー司令官の下に自分は所属していたことを明かし、日本に対する上陸作戦などについてもよく知っていたとして、こう続けています。「こうした背景もあって、わたしは固く確信している。原爆は何十万もの、いや、おそらく何百万人ものアメリカ人と日本人の命を救った。原爆を使うことなしには、戦争はずっと長く続いていた。〔中略〕いくつかの事実が立証している」。スティムソン論文とまったく同じように、「原爆は命を救った」という「原爆神話」が語られています。

コンプトンは「固く確信して」「事実が立証している」と記していますが、公文書に反することが少なくとも二つあります。前節で取り上げ、六章「原爆神話の解体」でも詳しく説明をしますが、第一に原爆が「救った」人数です。コンプトンが所属していたマッカーサー司令部では、上陸作戦による米軍の犠牲者数は二万一〇〇〇—二万九〇〇〇人と推定していました（六章神話③参照）。マッカーサー部隊に所属し、計画されていた上陸作戦についてもよく知っていたと主張しているのにもかかわらず、コンプトンの論文とマッカーサー部隊の戦死者予測はかけ離れています。

また、前節で説明したとおり、米国政府の公式な調査結果（「合衆国戦略爆撃調査」）では、原爆を使用しなくても、上陸作戦を実施しなくても、通常兵器による空爆と海上封鎖によって日本の降伏は目前だったと公式に判断しています。何よりマッカーサー自身が、原爆を使わなくても日本は降伏していたと発言しています。(23) アメリカ政府の公式調査とも、マッカーサーの考えとも正反対のことを、コンプトン論文は「事実」として堂々と述べているのです。

大統領も加わり正当化と権威づけ

コンプトンMIT学長が先兵役を果たした後に、本命のスティムソン元戦争長官が登場してくるわけです。二つの論文は相互に肯定しあい相乗作用を狙ったものです。さらに、スティムソン論文発表とぴったりと時期を合わせてトルーマンがコンプトンに宛てた書簡（日付一九四六年一二月一六日）が『アトランティック・マンスリー』一九四七年二月号に掲載されました。[24]

トルーマンは書簡で、コンプトン論文の内容はそのとおりであるとし、さらに「原爆が投下されるずっと前に、日本は正当な警告を与えられ、さらに、彼らが最終的に受け入れた〔降伏〕条件も提示されていた。原爆が条件を受け入れさせたとわたしは想像している」と結んでいます。「正当な警告」とは、原爆攻撃の警告ではなく、原爆のことは何もふれられていないポツダム宣言のことです。事前に警告された上で原爆攻撃が行われたと一部のアメリカ人はいまだに信じています。原爆の警告ビラが広島にまかれていたという事実無根のことが「事実」として記された記事や書籍は多くあり、「事実に基づいた」と銘打った映画でも登場しています（六章二節参照）。

ここで、ローレンス記者が執筆したスティムソン論文についてのタイムズ紙記事に戻りましょう。ローレンスはスティムソンの論文発表を伝える記事の中で「スティムソン、コンプトン、トルーマン」の三人の原爆正当化論を同時に紹介しています。これによって、コンプトンとスティムソンの二人の論文による相乗効果に加え、大統領も登場させて原爆の正当性をさらに権威づけようとしたのでしょう。当時の広報対策、情報操作としては非の打ちどころのない見事なものです。

コンプトンとスティムソンの二つの論文に関しては、コナントが画策したものです。しかし、トルーマンとローレンスに二つの論文を絶賛する書簡や記事を書くよう、コナントが要請をしたという証拠は見つかっていません。しかし、二つの論文を企てたコナントが、トルーマンとローレンスに（他の言論人やメディア関係者にも）、協力依頼をしていたとしても不思議ではありません。もちろん、コナントからの依頼はなくとも、二人は狙いをくみ取ったことでしょう。

真相はわかりませんが、他のタイムズ紙の記事から「新聞社を挙げたスティムソン論文＝原爆神話＝の賞賛」を読み取ってみましょう。

事実を捻じ曲げたタイムズ紙の報道

スティムソン論文に合わせてニューヨークタイムズが掲載した記事は、ローレンスによる一面トップ記事だけではありません。この日の社説「戦争と原爆」は、スティムソン論文の正当性と真実性を一面記事よりもさらに強調した絶賛の嵐でした。[25] この論文とトルーマン書簡について、「わが国の日本に対する原爆の使用に対する懸念や公然の批判に答えるように、（中略）偶然にも二人による声明は同時に登場した」（傍線は引用者）と、今となれば白々しく聞こえる表現で伝えています。続けて、大統領と当時の戦争長官が言っているのだから否定しようがないと言わんばかりに、原爆実戦使用について「反駁《はんばく》しようがない」「議論の余地はない」「完全に正当化できるものだ」と繰り返し断定しています。
この社説の内容のほとんどはスティムソン論文とトルーマン書簡の言葉を復唱するものでした。特に、トルーマンは原爆について「正当な警告」を日本に与えていたこと、ポツダム宣言で天皇制の保持に「ドアを開けた」にもかかわらず日本側はそれを拒否したことが強調されています。原爆の警告は何もなかったことはすでに述べたとおりですが、タイムズ紙は事実と異なることを社説に記しています。さらに、無条件降伏を突きつけたポツダム宣言には天皇制保持については何も書かれていないにもかかわらず（宣言を読めば誰にでもわかることですが）、タイムズ紙社説は天皇制保持に「ドアを開けた」と偽って主張しています。さらに臆面もなく、こう主張しています。

二発の原爆は、焼夷弾《しょういだん》による東京大空襲よりも死者数は少なく破壊規模は小さかったが、心理的な効果は大きく日本を降伏に追い込んだ。原爆は数千人の犠牲者は出したが、数百万人の命を救った。これが、原爆投下の正当性だ。

東京大空襲の死者数はアメリカでは八万人といわれ、原爆の犠牲者の極端な過小評価、救った生命のはなはだしい過大評価——史実とはまったく異なること、それどころか完全な捏造（フェ

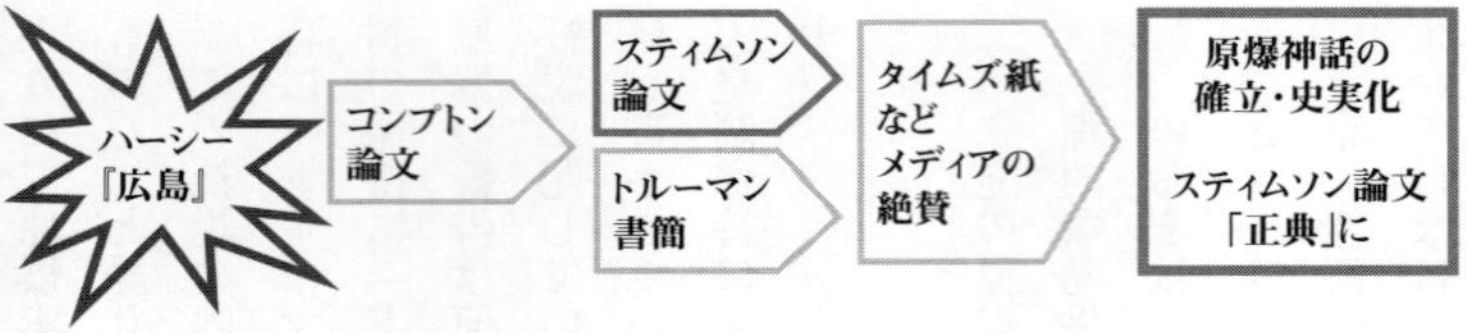

イク）であることを説明する必要はないでしょう。

スティムソン論文と側面支援、そして、その結果として確立された原爆神話を図式に表すと上のようになります。

論文発表から五日後、タイムズ紙は二月二日付の社説「スティムソン・ドクトリン」で再びスティムソン論文を絶賛しています。[26] この社説からも、臆することのない新聞社を挙げたスティムソン論文（＝原爆神話）の賛美ぶりがわかります。一部を紹介しましょう。

> 広島と長崎への原爆投下をめぐる議論について記されたスティムソンの言葉は、単なる回想録ではない。〔中略〕国家政策が決められていった現場、そこで彼は超党派的立場で決定的な役割を果たしたことが記されたものだ。〔中略〕犠牲者よりはるかに多くの命を原爆は救ったと彼は信じている。平和が絶対的に必要なことだと人類に対して原爆が印象づけたと彼は信じている。

同じ日、この社説よりも原爆神話の意識形成には効果的だと思われる広告がタイムズ紙に掲載されています。スティムソン論文を掲載した『ハーパーズ』

の宣伝です。[27] 広告の見出し〔太字〕と文章を紹介しましょう。

知りたくないですか？
原爆を使うことはだれが決定したのか？
なぜ広島と長崎は投下目標に選ばれたのか？
広島と東京、どちらがより被害規模が大きかったのか？
いま、初めて明かされる！

今日最も議論されている話題についてのこうした疑問、そして、関連する数多くの疑問に対する真実の答えが、今年最も重要な雑誌記事として登場した。その記事とは、「原爆投下の決定」。著者は、一九一一―一三年、一九四〇―四五年の戦争長官、ヘンリー・スティムソン。「ハーパーズ」二月号。〔中略〕

この驚くべきすべてを知る男による記事は、公式文書とともに、初めて内部情報を明らかにする。

初回購読者は、七カ月わずか二ドル。

「公式文書とともに、初めて内部情報を明らかに」した論文が、どれほど原爆神話の確立に影響力を持ったかを、この広告からもうかがうことができます。

すでに記したように、この論文は無償で再掲載が許されています。全文を再掲載しなくとも、全米のマスメディアは「スティムソンによる公式文書」「史実」として賞賛とともに報じたのです。それだけではありません。これ以降、歴史書から政治学の学術論文までもが、この論文を根拠にして原爆使用の正当性を論じています。(28)

スティムソン論文は、原爆の「正典」になったのです。

五　ハーシーの活字報道の限界

なぜハーシーの『広島』はアメリカ人の原爆に対する意識をひっくり返すことはできなかったのでしょうか。『ニューヨーカー』に掲載後の騒ぎは、原爆に関する世論を転換させ核政策をひっくり返すかもしれないと思われたほどでした。しかし一時的な現象にすぎませんでした。(29) 理由についてはいくつかの分析があります。

『広島』は原爆によって日本人が受けた被害に対して「同情」や「哀れみ」という感情を読者に喚起したことは確かです。被害者に「かわいそう」と人間が抱くごく普通の感情でした。特別なものではありません。一過性の現象にとどまったのがその理由の一つだと考えられます。また、自分の国が原爆を使用したことで市民の犠牲が出ていたことを知り、「かわいそう」という感傷的な気持ち以上の「罪の意識」「良心の呵責《かしやく》」を抱いた読者もいたのですが、割合としては多くありませんでした[30]。

ハーシーに対する批判的な意見はこの点にありました。『広島』では原爆攻撃の行為そのものを断固とは非難しておらず、生存者の回復を強調しているために、まるで洪水や地震など自然災害の被害者に対する同情や哀れみしか喚起していないというものです。また、原爆と通常兵器を区別する放射能の影響が曖昧にしか伝えられていないこともあります。そのため、隠蔽されていた放射能の影響の告発記事でもなければ、原爆は人類の存亡にも関わるという深刻な問題を提起するルポルタージュでもなかったのです。

別の分析もあります[31]。『広島』が読者に伝えたことは、被爆地で起きた数え切れない惨劇のほんの一部（しかも、程度の軽いものばかり）にすぎませんでした。被爆者たちが受けた筆舌に尽くしがたい苦難、つまり原爆に焼かれ、また、放射能障害にのた打ち回り、恐怖におびえて暮らす人々の実態はわずかしか伝えられていません。読者にとっての原爆後の広島は、ハーシーが『広島』に書いた程度のものになったということです。

また、ハーシーが取り上げたのは、劇的な試練をかいくぐり、たくましく生きていった六人のハッピーエンド物語でした。最後は必ずうまくいく典型的なハリウッド映画の展開です。アメリカ人読者に「原爆はそれほどひどくはなかった」というある種の安堵《あんど》を与えたのです。こうした

『広島』に対する批判は当時のリベラルなアメリカ人からもありました。小説家・評論家のメアリー・マッカーシー[32]は「火災、洪水や地震といったよくある災害のように原爆を描写しており、原爆被害を矮小化している」「生存者からの話は原爆の真実を隠すようなものだ」「彼が読者にしたことは、ある意味、原爆の存在の否定だ」と痛烈な批判を浴びせています。ハーシーが広島を取材した時期は原爆から一年近く経っていたとはいえ、原爆の赤裸々で悲惨な実態はまだ残っていました。

ルポの影響が一過性のものにとどまり、結局は原爆神話がアメリカ人の意識深くに刻まれていった理由は三つあります。まず、真珠湾攻撃などによってアメリカ人の心に深く刻まれた日本に対する極度の嫌悪と復讐心です。だまし討ちをした日本に対しては何をしても許されるという正当化論は、日本人に対する人種差別意識で極度に増幅されていました[33]。一九四五年一一月末に行われた世論調査結果では、「日本人は生来、無慈悲で残虐である」に同意したのは五五・九パーセントでしたが、「ドイツ人は」に対しては三八・九パーセントとかなりの差がありました[34]。ハーシーが伝えたことは、原爆は真珠湾攻撃の仇を討ったという歓喜と満悦感を拭い去るには及ばなかったのです。

そして、スティムソン論文です。スティムソン自身が国民から深く敬愛されていたこと、その権威を利用したコナントの情報作戦が絵に描いたようにうまく運んだことが挙げられます。原爆に関する機密情報は何十年も開示されず、人々の頭の中ではスティムソン論文が唯一かつ権威ある「公式の史実」であり続けたことは決定的でした。スティムソン論文と相反する結果が収められた政府の公式調査「合衆国戦略爆撃調査」がありながら、あまり報道されていないため、誰も知らない、誰も反論のしようがなかったのです。ニューヨークタイムズなど主要メディアがスティムソン論文に対して「これこそ初めて公式に明かされる史実だ」と手放しの賞賛とともに報じたこともあります。タイムズ紙(そして多くの新聞雑誌)は原爆攻撃直後から実戦使用の賛美と放射能否定の報道を続けたことも思い出してください。

そこには、原爆は通常兵器の延長であるという原爆理解も大きく作用しています。「通常兵器の延長」とは、広島と長崎を破壊した原爆は人々の意識の中で放射能と切り離され、とてつもない破壊力のある爆弾と理解されているということです。この原爆理解を植え付けるのに大きな役割を果たしたのが、すでに詳しく検証してきたタイムズ紙とローレンスに代表される同紙の記者による報道です。

もう一つ大きな要因を挙げることができます。アメリカの報道検閲とメディアの自主規制により、原爆によって市民の受けた凄惨な被害と放射能の影響を伝える写真や映像がアメリカ人に(そして日本人にも)届けられなかったことです。[35] 焼け焦げた死体、やけどによる女性や子供らの惨状という原爆被害の実相と、放射能による脱毛や斑点など原爆症の実態は、視覚によって強烈に印象づけられることはありませんでした。当時はもちろん、いまだに多くのアメリカ人の原爆のイメージは、キノコ雲と建造物の破壊「だけ」です。

こうした理由から、『広島』は世間を騒がす話題となりながらも、原爆の正当性を根底から揺るがすことはなく、実戦使用に対する抗議運動や核兵器反対運動もほとんど引き起こしませんでした。多くのアメリカ人は、生き残った生存者の美談として『広島』を読んだのです。

六　コナントを駆り立てたもの

原爆の開発統括者にして原爆神話確立の立役者、さらに、警告なしに人口密集地を原爆で攻撃することの提唱者でもあるハーヴァード大学のコナント学長とはどんな人物だったのでしょうか。彼を情報操作に駆り立てたものは何だったのでしょうか。

原爆の科学総責任者はロバート・オッペンハイマー博士です。軍側の製造最高責任者はレスリー・グローヴス少将です。歴史書から読み物まで、原爆といえばこの二人ばかりに焦点が当てられています。彼らの才能なしに一九四五年夏までに原爆は開発できなかったことは間違いないでしょう。しかし、二人は原爆の全体像の中では開発を担当したにすぎません。他方、ハーヴァード学長コナントは原爆の開発から実戦使用決定、さらには情報操作まですべての政策決定に中心人物として関わった人物です。

彼の生い立ちからハーヴァード大学学長までの道のり、原爆開発にどう関わり、どうして市民の暮らす都市を標的にすることを提唱したのかについては次の章で詳しく説明します。この章の最後には、コナントを原爆神話の確立に突き動かしたことを記しておきます。

心の師が原爆批判

原爆攻撃直後から、宗教家や一部の保守系の政治家と言論人から原爆の非人道性や残虐性に対する痛烈な批判は出ていました。ただ、宗教家による批判は宗教団体の小発行部数新聞に掲載されることがほとんどで、ニューヨークタイムズのローレンス記者らが誘導した国民世論を揺さぶるものではありませんでした。また、(トルーマンは民主党の大統領だったため)共和党を主とした一部の保守系政治家による批判はあったものの、戦争の勝利の余韻と他の政治家の声にかき消されていました。こうした背景には真珠湾攻撃で戦争を仕掛けた「ずるい日本人」に対する嫌悪感と人種差別意識がアメリカ人の意識に深く根付いていたこともあります。

しかし、原爆神話をアメリカ人の絶対的な信仰にしなければならないとコナントに決心させたことが続けて起きました。ジョン・ハーシーの『広島』の前にも、彼を動揺させることが起きていました。

一つは、『広島』発表の半年前の出来事です。彼が尊敬していた神学者ラインホルド・ニーバー Reinhold Niebuhr の名前を一九四六年三月六日付のタイムズ紙の記事で見つけたことです。この記事は連邦キリスト協会会議の委員会が原爆を非難する声明を出したことを伝えるもので、その署名者のひとりがニーバーだったのです[36]。
高名な思想家でオピニオンリーダーだったニーバーは、欧州で第二次世界大戦が勃発したのちに民主主義体制、そして自由と人権を守るためには戦うことが必要だと唱え、野蛮な全体主義を打ちのめすために軍事力を行使すべきだと訴えていました。こうした考えを持つ宗教家をコナントは信奉していました。自らの精神的な支えと原爆正当化の論理的な支えにしていたニーバーが、あろうことか原爆非難の声明に署名していたのです。コナントの落胆ぶりは想像できるでしょう。
連邦キリスト協会会議による声明の核心部分はこう述べています[37]。

アメリカのキリスト者として、原爆が無責任に使われたことに対して、我々は深く後悔をしている。広島と長崎に対する無警告の原爆投下は、道徳的に弁護できないという考えで一致している。一〇万人の市民の死を確実に招く状況下で、原爆は事前にはっきりと警告することなしに投下されている。さらに、どちらの原爆投下も、戦争に勝利するためには必要なかったと判断せざるをえない。昨年の夏、この新型兵器を使ったことが戦争終結を早めたのかもしれないが、道徳的な対価ははるかに大きい。

この声明の内容は、原爆神話の多くの部分を否定するものです。「道徳的に弁護できない」と断じられた事前警告なしの原爆攻撃は、まさにコナントが強く提唱したものです。さらに「軍事基地を破壊し兵士を殺し、戦争を終結させて一〇〇万人の命を救った」ことになっている原爆について、声明は「一〇万人の市民の死」を招きながら「戦争に勝利するためには必要なかった」と糾弾していました。

原爆攻撃直後から批判を続けていた宗教団体や宗教家は、非主流派や無名の牧師によるものがほとんどでした。しかし、この声明は、プロテスタント社会アメリカの主流団体によるものです。主流派による原爆非難声明に、尊敬するニーバーが名を連ねたことに、しかも自分が提唱した無警告の都市攻撃がやり玉に挙げられていることに、コナントは二重三重の衝撃を受けたのです。声明を伝えた記事はＡＰ通信から配信されたものだったとはいえ、タイムズ紙がこの通信社記事を掲載したことにも彼はおそらく失望したことでしょう。

ニーバー連名の声明から三カ月後の六月末には、「合衆国戦略爆撃調査」が公表されました(本章三節参照)。原爆攻撃自体を非難するものではありませんでしたが、「原爆が投下されなくても日本は一九四五年末には降伏していただろう」という調査結果は、「原爆こそが日本を降伏させたのだ」と信じて疑わないコナントを動揺させるものでした。「原爆投下なしで日本は降伏していた」と疑問視する意見が現れはじめていました。

八月中旬には、アメリカの原爆開発の端緒となったルーズヴェルト宛の書簡の差出人、アインシュタインさえも「ルーズヴェルト大統領が生きておられたら、広島の原爆爆撃を禁じていたはずだ。原爆はロシアが参戦する前に戦争を終わらせるために使われた」と非難しています。さらに「ほとんどの科学者は原爆の性急な使用に反対していた」と言い切っています[38]。本章三節で記したように、科学者の多くは実戦使用に反対しており、アインシュタインは事実を述べています。

実際は、科学者は原爆の使用に対して「疑問を呈した」どころではありませんでした。原爆開発研究の中心的役割を果たしたシカゴ大学冶金研究所の多くの科学者は、最後の最後まで原爆の実戦使用に猛反対していたのです（五章六節参照）。科学者の七割以上は実戦使用前に実演をすべきだという意見でした[39]。戦後は多くの科学者が原爆で都市を攻撃したことに対して批判をしていました。

ただ、ニーバーやアインシュタインの非難も、「戦略爆撃調査」の結果も、また、軍人による原爆の疑問視や批判も、世論を転換させるような大きな流れにはなっていませんでした。

ハーシーによる原爆批判の拡散

一九四六年八月三一日、コナントに原爆神話の確立を決心させたことが起きます。ハーシーの『広島』が高級雑誌『ニューヨーカー』に掲載された日です。今回はコナントの個人的な落胆にとどまりませんでした。全米に衝撃が広がったのです。『広島』については、すでに本章一節でふれましたが、ここで少し補足をしましょう。

これまで広島から発信されアメリカで報じられる記事やニュースのほとんどは原爆による軍事施設や建造物に対するすさまじい破壊力を伝えるだけでした。原爆の道徳的問題を批判する記事や論説は散発的には現れはしましたが、多くは発行部数も読者層も限られた機関紙や知識階層向けの雑誌だけでした。そもそも知識階層は原爆に対して初めから疑問視していた人も多く、世論の広がりという意味では影響はありませんでした。

ハーシーの『広島』によって、キノコ雲の下には普通の生活をしていた普通の人々がいたことを、そして、原爆は普通の人々の生活や夢を奪い去ったことを、アメリカ人は初めて知ることになりました。牧師もいた、ドイツ人もいた、働く女性もいた、少年少女もいたということが初めてアメリカ人に伝わったのです。

ニューヨークタイムズはハーシーの記事についてあまり報じていません[40]。理由はわかりません。しかし、いくつかの新聞や雑誌は賞賛する記事を掲載し、全文の朗読を四晩かけて放送したラジオ局もあったほどです。

その中で、知識層の購読者の多い雑誌『サタデー・リヴュー・オブ・リテラチャー』*Saturday Review of Literature* の九月一四日号に編集長ノーマン・カズンズ Norman Cousins の評論が掲載されました。ハーシーの記事に触発されて原爆実戦使用に対して徹底的に非難するものでした。一部を抜粋して紹介します[41]。

わたしたちは知っているのだろうか。原爆によって放たれた放射能によって、これから数年のうちに何千もの日本人が癌で亡くなっていくことを。わたしたちは知っているのだろうか。原爆というのは実際には死の放射線であり、放射能が人間の組織に及ぼした損傷と比べれば爆発や熱は二次的なものであることを。

広島と長崎の犯罪に対して、わたしたちは人間として責任を感じているのだろうか。

権力を手にしていた人たちは、警告や実演することなく原爆を使うことに反対した科学者の嘆願を拒絶したのか。

広島に原爆投下される前から、日本は降伏する用意があったというではないか。原爆が数え切れないアメリカ人の命を救ったという主張はどうなるのだ。

最後に、わたしたちは知っているのだろうか。原爆はアメリカに対する兵器でもあることを。他のどの国も所有していないときに、わが国は原爆を使ったということは、次の戦争では普通に使われることに道を開いてしまったのではないか。〔中略〕

原爆投下の知られていない主要な要因は、ソヴィエトを威嚇するためだ。

この雑誌もカズンズ編集長も、知識階層には大きな影響力を持っていました。ハーシーの『広島』がきっかけとなり、原爆の実相はアメリカ社会に届くようになり、非難はキリスト教の主流派や都会の高学歴層からも噴き出してきました。

七　原爆正当化はコナントの自己防衛

コナントにとり、ハーシーの記事やカズンズの論説は「歴史を歪曲」するものとしか聞こえませんでした。スティムソン戦争長官補佐官として共に原爆開発で働き、原爆神話の確立を企てたハーヴィー・バンディ Harvey H. Bundy に宛てた書簡が、コナントの気持ちを表しています。(42)

こうした〔ハーシーやカズンズの〕主張はほんの一部にすぎないと、君は無視したいかもしれない。わたしもそう思う。しかし、こうした類いの感傷主義は、次世代の考え方に大きな影響を与えるのだ。教育をすることになる、特に学校の先生になるタイプの人間は、こうした主張に大きな影響を受けるものだ。〔中略〕感傷的で発言力のある人間が若い世代と接したら、歴史の歪曲につながりかねない。

この書簡に記されたコナントの気持ちに偽りはないでしょう。しかし、ここに書かれたことだけでしょうか。ハーシーの記事以降、原爆攻撃は「道徳的な問題」を疑問視するだけにとどまらなくなりました。カズンズの論説に書かれたような「原爆というのは放射能」「事前の警告なく市民を犠牲にした原爆は戦争犯罪」「ソヴィエトを威嚇するため」だという声まで聞こえてくるようになりました。

「事前の警告なく都市部に原爆を投下」することを提唱したのは、他ならぬコナントです。原爆神話の確立は、自己防衛のためという個人的な理由があったとしか思えません。

コナントが手紙を送ったバンディはスティムソンの腹心でした。終戦後に引退したスティムソンはワシントンを離れて自伝を書いていたところでした。二人の人間関係から、バンディの息子マクジョージ McGeorge はスティムソンの自伝執筆の手助けをしていました。コナントはバンディ親子の助けを借り、スティムソンに原爆の論文執筆を説得したのです。[43]

当時のアメリカ国民が抱いていたスティムソンに対する敬意と畏怖の念は、比類ないものであったことはすでに記したとおりです。権威と信頼性では並ぶものがないニューヨークタイムズでもかなわないもの、タイムズ記者ローレンスの原爆正当化や放射能否定記事では果たせないもの――国民的な尊敬を受けていたスティムソンの一家言です。

実は、スティムソン論文に書かれた原爆正当化論は、彼自身が書いたものではありません。[44] マクジョージ・バンディがゴーストライターとなって、コナントの意向をまとめ上げたものです。初稿に対してコナントはかなりの修正をするなど手を入れています。コナントが指示をした加筆修正箇所のすべては記録に残されていませんが、いくつか重要な点についてはわかっています。[45] そこからコナントがスティムソン論文で目論んだことを垣間見ることができます。

たとえば、ポツダム宣言で連合国が日本に対して求めた無条件降伏についてです。ある条件、天皇制を維持することを約束する旨を追加すれば日本は原爆使用前に降伏する可能性があると政権内部で議論されたことについて、初稿段階ではふれてありました。原爆の前に、この重大な議論があり、また、スティムソンの初稿には織り込まれていたにもかかわらず、コナントは「不必要であるし、賢明でもない」と削除することを指示しています。

一方で、コナントが反対した原爆の実演と事前の警告については、原爆を無警告で実戦使用することの理由について詳しく説明するよう指示をしています。必死の自己防衛がうかがえます。さらに、原爆の破壊は通常兵器による戦略爆撃と何ら変わりはないという文の挿入、つまり、原爆を通常兵器と同一視することによる合法性の強調と放射能の隠蔽を指示しています。(46)

こうして、コナント指揮によるスティムソンの名前を借りたバンディ代筆の原爆神話の「正典」が完成したわけです。

八　原爆攻撃は自己の目標達成のため

コナントの名誉のために付け加えなければならないこともあります。スティムソンの威を借りた情報操作の背景にあった別の理由です。理解することは難しいのですが、アメリカ人の意識に原爆神話を根付かせることを通して、核兵器の国際管理を実現させたいというコナントの使命感があったことも確かです[47]。

トルーマン政権内ではアメリカの核の独占によってソヴィエトを抑え込むべきだと主張する国務長官ら閣僚の意見が主流となっていました。そもそも原爆使用の主目的の一つは、原爆の威力を見せつけてソヴィエトに「行儀よくさせる」[48]ためだったので当然の帰結ともいえます。一方、コナントや多くの科学者は核情報の世界共有と国連主導による国際管理をめざしていましたが、実現の可能性は乏しいものでした。核の一国独占派が主流のアメリカ政府が国連を主導しており、ソヴィエトはアメリカの核兵器にひざまずくつもりなどなく原爆開発を成功させることしか考えていなかったからです。

それでもコナントは、アメリカ国民が原爆使用を全面的に支持、つまり、原爆神話を全面的に信奉するようになれば、国連による核の国際管理にソヴィエトは最終的には合意するはずだと希望を持ち続けていました。スティムソン論文の最終原稿が完成した一九四六年一二月、国連による核管理の交渉は合意に達することはできず、この時期を逃すと国際管理実現の可能性は失われてしまうとコナントは考えていました。コナントはそのときの考えをスティムソンに宛てた手紙に書き記しています[49]。

原爆の使用に反対するプロパガンダが確認もされずに放っておかれると（＝原爆神話が確立されなければ）、原爆を所有していることによるわが国の軍事力はそれだけ弱まってしまう。

軍事力が弱まるということは核エネルギーの管理に向けた国際的合意の可能性も低くなってしまう。わたしは確信している。わが国は原爆を多数所有し次に戦争が起きたときにはためらうことなく使用するということをソヴィエトが確信しさえすれば、ソヴィエト側も最終的にはアメリカの提唱する核エネルギーの国際管理の確立に合意するはずだ。

原爆は何のために使われたのでしょうか。広島と長崎はコナントの目的実現のためのいけにえだったのでしょうか。コナントの思考を理解することはできないでしょう。

第五章

ハーヴァード学長と毒ガス、原爆都市攻撃

中国新聞社から西練兵場方面の焼け跡を望む。
1945年９月（朝日新聞社）

一　毒ガス開発の功績者

原爆開発を育み、原爆を人口密集地に落とすことを提唱したハーヴァード学長、ジェイムス・B・コナントは、毒ガス開発の第一人者でした。大量破壊兵器の申し子です(1)。一八九三年にアメリカ東部マサチューセッツ州ボストン近郊で生まれ裕福な家庭で育ったコナントは、実家からそう離れていないハーヴァード大学に進みました。学生時代は大学新聞ハーヴァード・クリムゾン *The Harvard Crimson* の編集者を務めています。この経験によってメディアを利用した世論操作の術を学んだのでしょう。化学者でありながら原爆神話確立の情報工作を成しえた理由の一つです。卒業後はすぐに大学院に進み有機化学を専攻しました。

大学院生になってまもなく、第一次世界大戦のためドイツからの輸入が止まった化学薬品を製造するヴェンチャービジネスに参加しました。その直後、ハーヴァード大学の化学専攻に空きができたためコナントに声がかかり、学者になることも一つの夢だったコナントはハーヴァードに戻りました。研究の傍ら書き上げた博士論文と研究成果は大量破壊兵器の開発製造に大いに役立ちました。コナントの専門の有機化学とは、まさに毒ガスの開発と製造に直接関わる分野だったからです。

一九一七年四月二日、ウッドロー・ウィルソン大統領（Woodrow Wilson 在任一九一三—二一年）の有名な宣戦布告要請演説「世界は民主主義にとり安全でなければならない」[2]によってアメリカの参戦が決まると、コナントは大学の籍を一時離れ軍人として陸軍の毒ガス開発に関わりました。アメリカ参戦二年前の一九一五年四月二二日、ドイツは悪名高い毒ガス、マスタードガスの開発に成功して実戦で使用していました。ドイツに対抗して、この毒ガスの大量生産を成功させるという重要な役割を果たしたのがコナントだったのです。軍人となった翌年、この功績で二五歳だったコナントは少佐に昇進しています。終戦時には一日三〇トンの大量生産を可能にしていました。コナントの功績によって大量生産されたマスタードガスは欧州戦線で連合国側がドイツに対して大量散布しています。

さらにコナントは防毒マスクのゴムや防護服を通過する浸透性が高く殺傷力の強い毒ガス（ルイサイト）開発責任者として、こちらの大量生産も成功させています。ルイサイトを充填した砲弾も大量に製造され、ドイツに対して使用するため欧州戦線に輸送されています。ただ、終戦によりコナントが貢献した凶悪毒ガス兵器は実際には使用されませんでした。

このように毒ガスの研究者として二〇歳代から戦争に深く関わり実戦使用のために大量生産を成功させているコナントは、大量破壊兵器開発の申し子であり最大の功労者だったのです。その後、ハーヴァード大学学長の立場で原爆の開発決定に大きく関わり、警告なしの都市への爆撃を提唱し、そして、原爆情報操作まで主導したことは、偶然とはいえません。彼は若いころから「アメリカは圧倒的な軍事力を手にして世界を主導すべきだ」という信念を持っていました。毒ガス開発製造は軍事力強化であり、自らの信念を達成するための手段だったわけです。文化も考え方も異なる軍人、科学者、そして、産業界をまとめ上げて極秘に毒ガスの大量生産を成功させた彼の体験は、はるかに巨大な国家プロジェクトである原爆極秘開発の予行演習になったわけです。毒ガス開発製造は、コナントにとって戦争との関わりのほんの序章でした。

その後、自らの専門分野で第一人者でもあった毒ガスは「残虐である」ため国際法で禁止されます。コナントはこう考えました――爆薬や銃を製造することと毒ガスを開発することに何らモラル上の違いはない、毒ガスで肺や皮膚に重傷を負わせるよりも爆薬で内臓を切り裂くことのほうが好ましいと考えることに理解はできない(3)――。

毒ガスを使うことも、通常兵器による都市空爆で市民を無差別に殺傷することも、原爆を使う都市の完全破壊による市民の無差別大量殺戮も、何も違いはないと彼は考えていました。コナントが人口密集地への原爆攻撃を提唱した背景には、こうしたことがあるのです。彼は自伝にこう記しています。「民間人の死傷は爆撃に伴う必然的な結果になっただけではなく、爆撃機の標的でもあるといえるだろう」[4]

二　ハーヴァード学長への道

第一次世界大戦後の一九一九年、コナントは助教授としてハーヴァード大学に戻りました。二年後には指導教官セオドア・リチャーズ Theodore W. Richards の娘と結婚します。ノーベル化学賞受賞者でもある教授の娘との結婚が、学長に上りつめる政治的な追い風になったのです。「政略結婚」というわけではありませんでしたが、学長選考に大きく影響したことは確かなようです。ノーベル賞受賞者の義父の存在によって、ハーヴァード大学の有力者、特に、学長選考委員との関係を早くから築けたからです。コナントの見た目は学者を絵に描いたような典型的な東部のエスタブリッシュメントでしたが、野心家であり好戦主義者でもありました。

毒ガスの開発製造で功績を上げたコナントは化学の第一人者になることを志してはいましたが、義父が受賞したノーベル賞獲得までは、夢見ていたものの、真剣にはめざしてはいませんでした。一方で、いずれはハーヴァードの学長になり、そして、閣僚として政治を動かしたいと思っていたと自伝に記しています。[5] ほとんどそのとおりに実現させていきました。どのようにして学長までたどり着いたのでしょうか。

もともと牧師養成の神学校として開学したハーヴァードでは、学長は伝統的に血筋と名声を備えた人文社会科学分野の教授から選ばれることが多かったのです。あるいは、家柄の完璧な銀行家や法律家が学長に選ばれていました。当時は自然科学分野の学者に対してステレオタイプ的な偏見が持たれていました。その中でも「化学」という分野は「研究室にこもって試験管の薬品と格闘している」という偏見を抱かれていた分野でした。つまり、コナントが学長に選考されたことは、様々な要因が重なった予想外の結果だったのです。

ハーヴァード学長選考は、浮名や悪評のあるものは早々と選考外になります。最有力候補は妻以外の女性との関係のうわさが露呈したことで、コナントが本命に躍り出ました。有力対立候補の脱落や義父の存在という政治的下地もありましたが、自身が熱く訴えたハーヴァードの改革案も選考委員に響いたといわれています。大学の水準をさらに上げるため第一級の研究者をそろえ第一線の研究に力を注ぐべきだと、彼は知的な話術で選考委員を説得しました。一九三三年、こうしてニューヨークの著名な法律家を抑えて、コナントは第二三代ハーヴァード大学の学長に選ばれたのです。四〇歳でした。

三　戦争扇動者

ハーヴァード学長になってからは、選考委員を説得した大学の組織改革、教育改革に傾注していきました。同時に、彼の政治的思想はさらに色濃く強固になっていきました。学長に選ばれた年、大恐慌のさなかにルーズヴェルトが大統領に選ばれ、そして、ドイツではアドルフ・ヒトラーが権力を握るという国内外の情勢も彼の政治信念に確信を与えました。彼の政治信念とは、初代大統領ジョージ・ワシントン以来の伝統でもあった孤立主義から決別し、アメリカ主導による世界規範を実現する、そのためには兵器と武力による介入が必要だ、というものです。

ドイツが一九三九年九月にポーランドに侵攻し第二次世界大戦が始まると、アメリカは軍備増強を行い軍事介入すべきだというコナントの信念はさらに強固になりました。ヒトラーに対する憎悪をはばかることなく口にし、イギリスに対する軍事支援、つまりアメリカの参戦を講演、記事、ラジオ番組の出演で訴えていきました。「ダンケルクの戦い」でドイツ軍に追い詰められた英仏兵三四万人がイギリスに脱出、さらにパリも包囲された一九四〇年五月末、コナントはラジオ放送でアメリカ国民にこう訴えています。(6)

ヒトラーを打ち負かすために、アメリカ合衆国はすべての行動をすべきだとわたしは信じている。我々が提唱する行動は、参戦に帰結するかもしれない。しかし、戦争の恐怖は国家政策を左右するものではない。

これがきっかけとなり、真珠湾攻撃によってアメリカが宣戦布告をするまで、コナントは軍事介入を訴え孤立主義に傾いた世論を逆転させる中心人物として言論活動を展開していくことになりました。ニューヨークタイムズが報じたコナントの扇動演説だけでもかなりの数になります。

一九四一年の記事をいくつか紹介しましょう。(7)

コナント、ヒトラーを打ち負かすための援助を支持（二月一二日付）

「合衆国は枢軸国を打ち破るために覚悟を決めなければならない」、これこそが自国内で「自由な生活を」維持していける唯一の方策であると連邦議会外交委員会で宣言したのは、ハーヴァード大学の学長、ジェイムス・コナントだ。

我々が行動するときは近い　コナントが声明（五月三日付）

ハーヴァード学長、全面支援の遅れは戦争を長期化させると語る

アメリカ教育評議会の年次総会でコナント・ハーヴァード大学学長は「この国が最終的な行動に出るときは目の前であるとわたしは思う」と語った。〔中略〕コナント博士が信念を語ると、喝采に包まれた。「イギリスの人々はヒトラーと和平など結ばない」「大西洋を支配下におさめつつあり、地球上の自由をむしばむヒトラーを、アメリカ人がぼんやり見続けているはずはない」

アメリカの支援の遅れは戦争を長引かせると訴えた二日後、コナントはアメリカの参戦を初めて訴えました。その後も、宣戦布告を訴えるラジオ演説や集会での演説は続きました。

コナント、アメリカは今、枢軸国と戦うことを強く要請（五月五日付）

ハーヴァード学長のコナントは「いつ合衆国は戦うべきか？」と題したラジオの全国放送でこう宣言した。「自由なアメリカの最善の利益のことだけを考えるならば、行動するときは目の前である」。そして自らの放送の題目「いつ戦うべきか」について、はっきりとこう答えた。「今、戦うべきだとわたしは信じている」〔中略〕「行動を起こすときが来たことははっきりと告げられた。この国は自由のための戦いに加わる準備ができているとわたしは信じている」。コナント学長によるこの声明は、交戦状態を求める初めての呼びかけである。

コナント、連合国に至急の援助を主張（五月三〇日付）

アメリカ人の生活を維持するためヒトラー打倒を要求

五月二九日、コナント・ハーヴァード大学学長は全国放送ラジオで、このように主張した。陸海軍はイギリスとフランスに航空機の提供、アメリカ国民が他国の義勇兵になることを禁じる法律の廃止。

宣戦布告、ハーヴァードで要請（九月二四日付）

ハーヴァード大学学長のジェイムス・コナント博士は枢軸国に対する宣戦布告を即刻行うよう強く訴えた。〔中略〕

「わたしの考えでは、連邦議会が宣戦布告をするまでは、我々ははっきりしない中途半端な状態に置かれたままだ」と彼は学生に語った。「全力を挙げた行動を取らないことは、勝利の時、平和の時をつかむことを遅らせてしまっている。〔中略〕わたしの意見は、宣戦布告をするまでは、我々国家の良心は弱体化し続ける」〔中略〕「はっきり言わせていただく。わたしは敗北主義者ではない。民主主義は戦争をしない、それこそが真の民主主義だと主張する人々にわたしは同意しない。こう主張することは、自由社会の死刑執行に署名をすることと同じだとわたしは思う」

タイムズ紙が報じたコナントの演説を時間の流れに沿って読んでいくと、彼の主張は武力介入の訴えに始まり宣戦布告まで激化していったことがわかります。世論の影響力を理解し、自らの主張を拡声し拡散するメディアをうまく使った情報戦略を実践していました。専門は有機化学でしたが、彼はメディアと世論の有機的な関係を社会科学者以上に理解していたはずです。

四　ホワイトハウス戦時内閣への道

ハーヴァード学長として軍事介入を訴え始めた時期のコナントは、ルーズヴェルト政権とは無関係でした。しかし、徐々にホワイトハウスに近づいていきました。きっかけは、当時絶大な発行部数を誇った雑誌『タイム』*Time*、『ライフ』*Life* の社主、ヘンリー・ルース Henry Luce も会員だった政財学界の軍事介入主義者（戦争支持者）のロビー組織に参加したことです。ここからコナントは大統領と結び付き、原爆の開発決定を進言し、市民の暮らす都市への原爆攻撃を提唱し、そして、原爆神話を確立させる中心人物となっていくわけです。

コナントをホワイトハウスに直接導いたのは、このロビー組織の一員でカーネギー協会[8]の所長のヴァネヴァー・ブッシュ Vannevar Bush との出会いです。ブッシュはＭＩＴ教授から巨大企業ＧＥ（ゼネラル・エレクトリック）のエンジニアを経て、巨額の資金を運用するカーネギー協会の所長に就任したという異色の人物でした。こうした学術、産業、そして政治的な経歴から、ブッシュはルーズヴェルトの側近と親しかったのです。[9]

まず、ルーズヴェルトが開設を決定した国防研究委員会（ＮＤＲＣ National Defense Research Committee）の委員にコナントはブッシュに誘われて就任しました。ブッシュが大統領に提唱して実現させたこの委員会は、大学をはじめとする学術界を軍事研究に動員することについての大統領諮問機関でした。この組織こそ、大学研究機関の軍事動員に道筋をつけ、最終的に原爆開発を実現させた組織でした。コナントは、その中心人物となり委員会を仕切っていくようになったのです。委員にはMIT学長のカール・コンプトンもいました。コナントが原爆神話確立のために論文執筆を依頼した人物です（四章三節参照）。

この委員会でのコナントの担当は、爆弾、燃料、そして毒ガスなどの化学兵器関連の研究開発統括でした。学長として自らハーヴァードの研究者を動員し、また、キャンパスを新兵器開発実験場に変えていきました。そして、国防研究委員としてハーヴァードで実施したことを全米の大学で展開させせました。

五　世論誘導も行なった開発統括者

こうした公式任務のほかに、この当時からコナントは非公式ながら情報戦の役割も担っていました。戦前から自らメディアに登場しての世論の扇動と誘導で活躍したばかりではなく、黒幕となって「有名人」を使った世論誘導も広報宣伝の専門家並みでした[10]。

一例を挙げましょう。コナントはルーズヴェルトを説得し、イギリスに対する兵器援助と最終的な参戦を「炉辺談話」と呼ばれたラジオ演説（一九四〇年一二月二九日放送）で国民に訴えさせています。[11] 一九四一年三月にレンドリース法[12]を成立させることにつながった「民主主義の兵器廠（武器庫）」と呼ばれる演説です。

ルーズヴェルトは国民に直接語りかけました。「〔イギリスの支援には〕もっと多くの船舶、銃、航空機、そしてすべてが必要なのです。〔中略〕わたしたちは民主主義の巨大な兵器廠とならねばなりません。〔中略〕合衆国大統領として国家の決意を求めます」

第一次世界大戦の参戦で介入主義に傾いたかに見えたアメリカ世論でしたが、戦後は再び孤立主義に揺り戻しが起きていました。このルーズヴェルトのラジオ演説こそ、イギリスに対する兵器援助支持に世論を転換させ、レンドリース法を成立させ、初代ワシントン大統領にさかのぼる伝統の孤立主義から介入主義へと流れを変えた大きな要因です。真珠湾攻撃後のアメリカ参戦の下地をつくることにも貢献しています。

コナントは言論活動や世論誘導を仕切っただけではなく、自ら表舞台に立ったこともありました。交戦中のイギリスに渡って国防研究の米英協力を築き上げることを自ら名乗り出て、一九四一年二月、大西洋横断外洋船に乗り込んでいます。戦争に関わりたくないという若い学生や世論に対して、ハーヴァードの学長がドイツの潜水艦攻撃を受ける可能性のある大西洋を船で渡る覚悟を見せつけてやろうとしたわけです。まさに根性論を体現していました。ハーヴァード学長にして筋金入りの主戦論者、戦争挑発者 warmonger だったのです。

もちろん、根性を見せつけるためだけに大西洋横断渡航を敢行したのではありません。この大西洋横断渡航こそ、コナントを原爆開発に駆り立てることになったのです。一カ月にわたるイギリス滞在で核分裂を研究していたイギリス人やナチスに追われたユダヤ人研究者から聞き取りを行い、原爆開発は可能であること、一方でドイツの研究開発はさらに進んでいることを彼は確信しました。帰国後、コナントはルーズヴェルトを説得し、検討と研究の段階だった原爆プロジェクトを本格的な開発製造へと舵を切らせたのです。

コナントがアメリカの原爆開発の端緒を開いたのではありません。すでに記したようにアメリカが原爆開発を始めたきっかけは、リオ・シラードら物理学者が起草し、アルバート・アインシュタインの署名によってルーズヴェルトに宛てた書簡（一九三九年八月二日付）にさかのぼります[13]。一九三八年にドイツの物理学者によって核分裂が発見され、理論上は原爆が開発できることが物理学者の共通認識となり、そしてドイツが開発に着手していると推測された時期でした。

この提言書簡では、ウランを使った新兵器に対するアメリカ政府の早急な行動を求めていました。核分裂が爆弾に使われると途方もない破壊力を持ちうること、また、核分裂を発見したドイツはすでに原爆開発に着手している可能性とともにヒトラーが先に手にしたらどうなるかが示唆されていました。ルーズヴェルトは要請に応え、一九三九年一〇月には原子力兵器の検討と研究を行うブリッグス委員会 Briggs Committee が組織されました。

開発着手というより検討段階だったこの時点では、コナントは原爆開発とは何も関わりを持っていませんでした。さらにいうと、彼は核分裂の発見が原爆につながるとは夢物語としか考えていなかったのです。彼の核分裂に向き合う態度とブリッグス委員会の取り組みも同じでした。ドイツが開発を進めているという確たる証拠もないため緊急性に乏しく、実現する可能性を信じていた委員もほとんどいませんでした。開発へと大きく動き出すのは翌年からです。

一九四一年の夏にかけて科学の軍事利用に関わる権限をさらに拡大させた科学研究開発局(Office of Scientific Research and Development　ブッシュ局長)が組織されました。国防研究委員会は、この局の下部組織となりコナントは委員長に就任します。同時に核開発の権限をブリッグス委員会から全面的に国防研究委員会に移譲させ、さらに、委員会内の原爆開発統括組織、S-1(原爆の秘密コード名)の責任者にもコナントは就きます。こうして原爆開発統括責任者としての権限を自分の手にしました。なお、S-1とはセクション1(section 1)、つまり第一課という意味で、科学研究開発局の中で最重要部署であったことをそのまま表しています。

原爆開発に向けての組織強化はさらに続きます。ルーズヴェルトの命によって、大統領本人、ウォレス Henry A. Wallace 副大統領、スティムソン戦争長官、マーシャル George C. Marshall 参謀総長、ブッシュ科学研究開発局長、そしてコナントで構成された原爆開発の最高政策決定機関 Top Policy Group が組織されます。これによってコナントは夢見たホワイトハウス入りを果たし、閣僚的地位を手に入れたのです。[14] 一九四一年一〇月九日のことです。

それから二カ月後、真珠湾攻撃を受けたアメリカは日本に宣戦布告をしました。アメリカと日本が交戦状態になったことを受け、日本の同盟国ドイツはアメリカに宣戦布告しました。コナントがめざしたアメリカの全面的な第二次世界大戦参戦が実現したのです。原爆開発は本格化し、科学者、技術者、軍人を総動員したマンハッタン計画が始まりました。[15] コナントがイギリスの原爆開発先行に刺激を受け本格化させたアメリカの原爆開発は、あっという間にイギリスを追い越していきました。

六　攻撃目標は日本の人口密集地

ハーヴァード大学の学長が原爆開発製造という国家を挙げた兵器プロジェクトの統括責任者になった経緯は以上のとおりです。原爆の開発製造は、ドイツに先を越されたらアメリカに対して使われ戦争の帰趨《きすう》を決められてしまうという理由で始まり、開発者の動機であり続けました。その一方で統括責任者コナントを原爆開発に突き動かしたのは別の目的、「原爆外交」がありました。すでに簡単に説明しましたが、繰り返しましょう。

原爆の途方もない威力を世界に見せつける強制外交によりソヴィエトをはじめとする列強諸国を従わせ、(1) アメリカ主導で世界秩序を構築し核兵器の国際管理を実現し、(2) 戦争を不可能にして世界平和を実現しようという「崇高な」目的です。[16] 警告なしに市民の暮らす都市の中心部で原爆を爆発させることで殺傷力を最大化し、日本だけではなく世界を仰天させて、自らの

「崇高な」目的を達成しようとしたわけです。

「仰天度」が低ければ、それだけ核の国際管理の実現可能性が低くなると彼は考えていました。つまりコナントにとり、原爆外交を実現するためには原爆が実戦使用される前に戦争が終わってはいけなかったのです。日本が降伏した可能性の高い天皇制維持の条件が原爆使用前に提示されなかった理由の一つです[17]。こうしたことは、「目的のためには手段を選ばす」で片付けられるでしょうか。

ドイツ降伏前から原爆は日本が標的

原爆開発はドイツとの競争に勝つ目的もありましたが、むしろ原爆を実戦で使用することのほうが重要だったことを示唆する事実を挙げましょう。マンハッタン計画は国の存亡さえもかけたドイツとの原爆開発競争を理由に始められたものです。ところが遅くとも一九四四年一一月にはドイツの核開発はほぼ不可能であるという諜報が届いています[18]。これで当初の原爆開発目的は消え去ってしまったのですが、コナントをはじめとする原爆政策決定者はこの情報を研究開発と製造をする科学者や軍人には一切伝えませんでした。むしろ、ドイツに先を越されることの恐怖をさらに煽り、開発を急がせました[19]。

これよりはるかに重大なことは、原爆完成後の攻撃目標が早々とドイツから日本に移っていたことです。一九四四年一一月にはドイツの核兵器開発断念をつかんでいたとはいえ、この時点ではまだドイツは降伏をしていません。降伏は翌一九四五年五月です。しかし、一九四四年九月一九日にニューヨークで行われたルーズヴェルトとチャーチルの会談で秘密協定（ハイドパーク覚書）が結ばれ、原爆は日本に使われることが決定されています。協定第一条にこう記されています。[20]

一、その〔原爆〕管理と使用に関する国際合意を目的として、「合金管」〔Tube Alloys　イギリスの原爆開発のコード名〕について世界に告知することは、受け入れられない。本件に関しては機密として取り扱い続けるべきだ。しかしながら、「爆弾」〔原爆のこと〕が完成した際には、熟慮の上日本人に対して使われるだろう。日本には降伏するまで爆撃は繰り返されると警告すべきである。

このときに米英首脳がドイツではなく日本への使用を秘密決定したということは、その前から両国の閣僚や官僚ら政策立案者間では合意があったということです。事実、一九四三年五月の軍事政策委員会の議事録に原爆第一号は日本の軍事基地（太平洋トラック島の艦隊）を標的にすることが残っています。[21]一九四四年末にドイツの開発断念をつかむ前から早々と政策決定者の中で原爆の標的は日本に移行していたのです。

「ドイツの降伏は間近でそれまでに原爆を完成させることは不可能だが、日本の降伏までには開発できる」という見込みがあったのかもしれません。しかし、この時期的な理由をはるかに上回る日本に対する極度の憎悪と人種的な差別意識が、原爆の標的が早々と日本に変更された根底にあったのではないでしょうか。ここからは筆者の推測です。白人のドイツ人よりも真珠湾攻撃で仕掛けてきた嫌悪すべき有色人種の日本人であれば、自らの目的を達成するのに都合がいいとコナントは（そして他の政策立案者も）考えていたのではないでしょうか。

警告なしの都市攻撃を決めた暫定委員会

こうした一方で、核の国際管理の道筋なしに実戦使用が先行してしまえば、歯止めのない核兵器競争をもたらし、それは人類の存亡にも関わるとコナントとブッシュは信じていました。そのため科学者の二人はスティムソンに長期的な原爆対応を検討する組織の設置を必死に懇願しました。その結果、一九四五年五月に原爆に関するすべての方針を決めて大統領に答申する委員会の設置が決まります。名前は「暫定委員会 Interim Committee」と地味に命名されました。

実質的に原爆に関わるすべての最高決定委員会でした。しかし、「最高決定委員会」と直接的な名称にしてしまうと、議会を差し置いて人類の歴史を変える兵器の方針を一委員会が決定したという印象を与えてしまいかねないという懸念がありました。戦後、議会で問題化しないようにと配慮された結果、「暫定委員会」という名前になりました[22]。

委員会に負託された実質的な権限は包括的でした。原爆の戦時中の管理に関するすべての問題に対処する、戦後の広報宣伝活動（つまりプロパガンダ・情報操作）を調査し報告する、戦後の核兵器の研究、開発、管理、また、これらを効果的に実現するための法律制定について調査し答申する、となっています[23]。

暫定委員会のメンバーは、スティムソン戦争長官を委員長に、コナント、ブッシュ、MIT学長のコンプトン、海軍副長官ラルフ・バード Ralph A. Bard、国務副長官ウィリアム・クレイトン William L. Clayton、そして、のちに国務長官となるジェイムス・F・バーンズ James F. Byrnes がトルーマンの代理として選ばれました。三人もの科学者がいながら、戦争長官が委員長でありながら、対ソ強硬派で核の独占による覇権を考えていたバーンズの「大統領代理」という立場が原爆の政治的外交的な利用方針を決定づけたのです。

さて、すでに記したとおり、コナントの提唱した無警告で市民の住む都市に原爆を使用することは、この委員会で決定されました。核の国際管理を実現するために、世界に与える衝撃を最大化する必要があったわけです。五月三一日の議事録にこう記されています[24]。

コナント博士の提唱に〔スティムソン〕長官が合意したことは、最も望ましい投下目標は多くの労働者を雇い、また、労働者の住宅が取り囲むようにある軍事工場である。

「道徳的に最も効果的な言い逃れの材料を持ち、最も効果的に市民を無差別大量殺戮できる標的」ということです[25]。このとき、原爆は日本の都市を爆撃し市民を無差別殺戮することが決定されたのです。また、会議の結論として、警告をしないこと、また、住民の殺傷については明記することを巧みに避けながらも、以下のように会議の合意事項が記されています。

我々は日本に対していかなる警告もできない。民間人の居住地域にだけに〔原爆攻撃を〕集中させることはできない。しかし、可能な限り多くの住民に心理的な衝撃を与えるようにすべきだ。

「いかなる警告もできない」と暫定委員会が決定し、実際に原爆攻撃の事前警告は行われていません。しかし、トルーマンは「警告をした」との発言を繰り返し、マスメディアはそっくり受け売りし、「原爆は民間人の犠牲を避けるために、そして事前の警告をした上で軍事目標に投下された」という原爆神話が形成されていったわけです。事前警告の捏造については、六章「原爆神話の解体」で詳しく検証します。

実戦使用は科学者の考えではない

コナントが考え提唱した原爆攻撃の目的が当時のアメリカの核開発研究者に共有されていたわけでは決してありません。列強が核開発競争に陥ることなく原爆を国際管理することによって平和な世界を達成すべきだという考えは、原爆開発の最重要拠点の一つ、シカゴ大学冶金研究所の研究者を中心に模索されていました。ただし、研究者たちはコナントのように原爆を実戦使用することによって国際管理を達成すべきだとは、そして達成できるとは露ほども思っていませんでした。(26)

この研究所のジェイムス・フランク James Franck 博士やシラード博士ら調査委員会が一九四五年六月一一日にまとめた原爆が政治と社会に及ぼす影響についての調査成果「フランク報告書(27)」の要旨はこうです。

警告なしに日本に対して原爆を使用した場合、アメリカに対する世界中の支持を失うことになる。原爆をひそかに開発して警告なしに無差別に市民を殺傷する国を世界が信用するとは思えない。そのようなことを行えば、核の開発競争を引き起こし、国際管理の可能性を失わせてしまう。ソヴィエトは国際管理の呼びかけに耳を貸すどころか、アメリカに追いつこうと開発を加速させる。こうした理由から、国際連盟の代表の前で人の居住していない場所で原爆の実演をすべきである。

科学者の多くは、コナントとまったく逆のことを考えていました。科学者たちの慧眼《けいがん》どおり、現実は「フランク報告書」の予想どおりになったわけです。

七　原爆外交の目的、核の国際管理とその消滅

コナントが描いた核の国際管理構想は、核の平和利用を共有する一方で、すべての核兵器を国際査察機関に委ね、抜け駆けの核兵器開発を抑止すると同時に違反国家を処罰するというものです。ソヴィエト抜きでは核の国際管理は不可能であり、原爆の威力を笠に着ることでアメリカはソヴィエトを核の世界統制に付き従わせることができると判断したのです。こうした考えの根底にあったのは、核の世界統制なしには歯止めのない核兵器開発競争が起こり、次に世界戦争が起きたときは地球の破滅のときでもあるという予測でした。ブッシュ、また、スティムソン戦争長官も、アメリカ主導による核の国際管理に賛同していました。

原爆製造の理論は、物理学者であれば知っていることでした。コナントは他の科学者と同じように、ソヴィエトも遅かれ早かれ原爆開発を成功させると確信していました。そのため、アメリカが核兵器の独占を保てるうちに、核の情報を差し出す一方で核の恐怖を見せつけ、つまり飴とムチでソヴィエトを国際管理に参加させようと目論んでいました。恐怖で威圧するためには、原爆を砂漠や草原の真ん中で炸裂させるのでは不十分だと考えたわけです。都市を標的にすることで原爆による人間に対する殺傷力を見せつける必要があったのです。

世界中から代表を招いて原爆実験を見学させる、東京湾で爆発させて日本の軍人と市民に見せつけるなど原爆使用の選択肢は、開発に携わっていた多くの科学者だけではなく閣僚も提案していました。しかし、おびただしい殺傷力を見せつける必要性から、コナントはこうした人道的な代替案を拒否したのです。

コナントだけがこのように考えていたのではありません。原爆を予告なしに居住地で爆発させて衝撃を最大化することなしには日本は降伏しないだろうという主張は、コナントも委員の一人だった暫定委員会で大勢を占めていたことも事実です。原爆を使う予告をしたら連合軍捕虜は投下予告地に移送させられてしまう、また、原爆が爆発しなかったときの影響が大きすぎるという懸念もありました。いずれにせよ、警告なしで都市を原爆で攻撃し衝撃と殺傷を最大化することで、日本を降伏に追い込み、ソヴィエトを威圧できると考えられたわけです。市民の無差別殺戮は戦争犯罪であるという視点は完全に消え去っていました。

原爆によって世界を驚愕させて、情報共有によって核兵器の国際管理と平和を実現するというコナントの「崇高な」原爆政策は、一九四五年四月一二日のルーズヴェルトの突然の死去によって宙に浮き、そして、徐々に方向転換していきました。アメリカが核とその情報を独占し続けることによってソヴィエトをひざまずかせ、ヨーロッパの領土権利の主張を抑え込み、ソヴィエト管理国さえも民主化させようという方針に変わったのです。核によるアメリカ帝国主義といってもいいでしょう。

政策転換の理由は、ルーズヴェルト急逝によるトルーマン新政権の混乱期にホワイトハウス内の権力を握ったのがバーンズ国務長官ら対ソ強硬・タカ派だったことです。ソヴィエトはどんなにがんばっても二〇年は原爆を開発できないという軍部の思い込みがあったことも大きな理由です。しかし、現実は「フランク報告書」で科学者が予想したとおりでした。アメリカの成功から四年後の一九四九年、ソヴィエトは原爆開発を成し遂げています。

では、コナントが思い描いた核の平和利用と国際管理という原爆方針が打ち崩された理由と背景について順を追って詳しく説明しましょう。

発端は一九四五年四月一二日のルーズヴェルトの急死です。そのため前年の大統領選挙で党派政治の策略と妥協から副大統領に「据えられた」トルーマンが突然大統領になってしまいました。そもそもトルーマンはルーズヴェルトが選んだ副大統領ではありません。当時のアメリカ政治は、政党の有力者が舞台裏で党の運営から候補者選びまでを仕切っていました。そのため絶大な人気を誇ったルーズヴェルトでさえ、自分の腹心であるはずの副大統領の指名は自由にならなかったのです。

副大統領候補を決めた民主党大会選挙（一九四四年七月）は、のちに国務大臣となるバーンズら保守派による裏工作が行われた八百長でした。そのため、大統領本人は信頼しておらず能力を買ってもいなかったトルーマンが、有能で人気も突出した現職副大統領のウォレスを押しのけて副大統領候補になってしまったのです。進歩的で平和的な考え方のウォレスが副大統領に留任し大統領になっていたら、原爆使用を踏みとどまっていたのではないかと考える歴史学者は少なくありません。[28] 少なくとも、核兵器の歴史は現在とは大きく異なり、核の国際管理も実現していた可能性があります。

話をトルーマンに戻しましょう。彼がどれほどルーズヴェルトから信頼されておらず無能扱いされていたかを象徴する事実があります。トルーマンは副大統領に就任（一九四五年一月）してからも原爆開発について一切知らされていませんでした。ルーズヴェルトが急死した後、大統領になって初めて原爆開発のことを知らされたというわけです。もちろん前副大統領のウォレスは原爆開発に深く関わっていました。

原爆のことだけではありません。副大統領になってからルーズヴェルトが亡くなるまでの三カ月間で、トルーマンが大統領に会い話をしたのは数えるほどしかありませんでした。[29] この時期は、原爆開発だけではなく、ドイツの降伏が目前に迫っていたこともあり、戦後ヨーロッパの扱いやソヴィエトとの関係など重要な政策課題は山のようにありました。それなのに、原爆開発をはじめとした重要案件だけではなく、ほとんどすべてのことでトルーマンは蚊帳の外に置かれていたのです。[30]

このことは、影響力のある閣僚の考えが、あるいはトルーマンを説得できた閣僚の方針がアメリカ大統領の方針になったということです。結論からいえば、コナントら科学者や見識のあるウォレス（副大統領後は商務長官）ら閣僚の意見はトルーマンに響かず、バーンズら対ソ強硬派の意見がとおってしまったのです。そこまでの経緯も原爆を理解する上では重要ですので、コナントの関わりを縦糸に説明しましょう。

ルーズヴェルトが四月一二日に突然亡くなったとき、コナントらが提唱していたアメリカ主導による核の国際管理について、スティムソン戦争長官も支持に傾いていました。しかし、スティムソンはルーズヴェルトに提案し承認を求めるまでには至っていませんでした。核の国際管理が結局実現しなかった大きな要因の一つです。

トルーマンが原爆の開発から政治的な影響についての詳しい話を聞いたのは四月二五日のことです。この場でスティムソンから核の国際管理の必要性について説明を受けたものの、わずかな時間でした。一方で、四月一二日に突然大統領に就任してからこの日までの二週間、トルーマンが受けた引き継ぎは対ソヴィエト強硬派の政策方針ばかりだったといわれています。[31] 戦後の核兵器の国際管理という長期的かつ大局的な視点の説明は欠落し、原爆を使う前に日本が降伏されては困ること、原爆で日本を打ちのめして降伏させること、これによってソヴィエトを行儀よくさせるという極めて短期的で覇権的なものでした。原爆は単に戦術的な軍事・外交問題ではなく、将来のあらゆる政策と人類の生活に関わってくることですが、こうした総合的な視点は欠落していました。[32]

暫定委員会ではコナントが提唱した「警告なしの人口密集地への原爆攻撃」は決まっています。しかし、他国との核の情報共有と国際管理については、バーンズと軍部が主張したアメリカの原爆独占によってソヴィエトを従わせる方針のために隅に追いやられてしまったのです。

八　原爆はソヴィエト威嚇、そして冷戦の始まり

本章の最後に、暫定委員会の原爆に対する方針、また、トルーマンの原爆に対する態度について記しておきます。暫定委員会は原爆に関しての最高決定機関であったにもかかわらず、そもそも「原爆を実戦で使うかどうか」という根本的なことについては、議論していません。つまり、原爆を日本に使用することはルーズヴェルト時代から既定路線になっていたのです。(33) 一般的に「日本への原爆攻撃はトルーマンが決定した」と信じられていますが、正確には「トルーマンは、すでに決まっていた日本への原爆使用の決定を覆さなかった」「そのまま承認した」ということです。事実、トルーマンによる原爆攻撃命令の記録は存在しません。(34)

トルーマンが決定したのは、原爆を「どう使うか」についてです。日本が降伏する前に使う、ソヴィエトに原爆の威力を見せつける、核の情報は他国と共有しないという方針を決定したのです。バーンズの主張どおりにトルーマンが承認した原爆のアメリカ独占と対ソ強硬路線の決定により、コナントがめざした核兵器の国際管理の実現の可能性は乏しくなったのです。

原爆実験日に合わせたポツダム会談

原爆を実戦で使うことによる対ソ強硬姿勢を示すトルーマンの行動について加えておきましょう。[35]

ヤルタ会談と並び戦後世界を決定づけた会議は、トルーマン、チャーチル（途中からアトリー）、スターリンの三巨頭によるポツダム会談です。五月のドイツ降伏後、英ソからは至急の会談開催を強く求められていました。しかし、原爆が実験によって確かめられ切り札を手にしてからスターリンとの直接会談に臨みたいトルーマンは会談開催を引き延ばしていました。その後、原爆実験の日を六月一五日にするよう命じます。ドイツのポツダムにトルーマンが到着する予定日でした。しかし、実験の目途が立たなくなったため、トルーマンは会談を大幅に延期させています。

七月中旬の実験の見通しが立ち、トルーマンは会談の日程を再調整し七月一六日の開催が決まりました。原爆実験も同じ日に実施することが命じられています。この日、長崎に使われたものと同じプルトニウム原爆の実験は成功しました。[36]

スターリンの体調不良のためポツダム会談は予定より一日遅れて七月一七日に始まっています。原爆実験が成功したその日、トルーマンは（計算どおり）すでにポツダムに到着していました。原爆実験成功の報を得たのは到着後のことです。この時点では実験の成功という一報だけで、威力など詳しいことは不明でした。

実験成功で豹変したトルーマン

詳細な報告が届いたのは五日後の七月二一日でした。その途端、スターリンに対するトルーマンの態度が一変しています。駆け出し大統領が、恐怖政治の老練独裁者を相手に、突然親分のように振る舞い始めたのです。チャーチルはトルーマンの態度が一変したことを怪訝《けげん》に思いましたが、翌日になって実験成功の報告を自分も聞いたことで彼の豹変ぶりに納得したと語っています。チャーチルが話したことを、スティムソン戦争長官は日記に残しています。[37]「彼は人が変わったようだった。毅然とそして断固たる態度でロシア人と相対した。ロシア側に対して、どうしたらいいか、どうしてはいけないかを伝えていた。つまり、会議を終始仕切っていた」

トルーマンは、「これまで発見されたもので最も恐ろしいものだ。しかし、同時に最も役に立つものになる[38]」と、原爆開発成功でロイヤル・ストレート・フラッシュが手持ちの札になったと歓喜しました。この切り札でスターリンの強硬姿勢を打ち崩し、ハンガリー、ルーマニア、そしてポーランドがソヴィエトの傀儡《かいらい》国や共産主義になることを防ぐことができると確信したからです。

さらに原爆という秘密兵器によって本土決戦なしに日本を降伏させ、スターリンがヤルタ会談でルーズヴェルトに約束した日本に対するソヴィエト参戦も不要になると予測しました。ヤルタで決められたソヴィエトの参戦はドイツ降伏から三カ月後でした。トルーマンとしては、なんとしてもソヴィエト参戦前に原爆を使用する必要があったのです。[39] 加えて、二〇億ドル[40]を議会の承認なしに費やした原爆が使われることなく日本が降伏してしまうことも、彼にとり悪夢だったのです。「二〇億ドルもつぎ込んだ兵器を実戦で使わずに戦争が終われば、大統領は議会の吊るし上げにあう」とトルーマンに繰り返し原爆攻撃を急がせたのはバーンズです。[41]

スターリンが約束した八月一五日の対日参戦前の八月六日、広島に原爆が使われました。スターリンは慌てるように対日参戦を一週間早め八月九日未明に行なっています。それから半日後に原爆は長崎を破壊しました。ソヴィエトの核開発はスターリンの命令によって国家の最重要政策となります。核開発競争が本格的に始まったのです。「原爆投下は第二次世界大戦の最後の軍事行動ではなく、ロシアとの冷たい外交戦争〔cold diplomatic war〕での最初の軍事作戦だった」といわれるゆえんです。[42]

このときはまだ、核の国際管理に一縷《いちる》の望みはありました。コナントが思い描いた核の国際管理が打ち砕かれるのは終戦翌年のことです。一九四六年二月、ＦＢＩが捜査していたソヴィエトによるアメリカの核開発のスパイが明るみに出ました。ソヴィエトとの核の情報共有は政治的に不可能になり、核の国際管理の実現性は風前の灯となったのです。

時期を合わせるように、原爆攻撃に対する批判が湧き起こってきました。前章で記したとおり、心の師ニーバーによる非難、そして、ハーシーの『広島』です。

コナントに残されたことは何だったのでしょうか。無警告で市民の暮らす都市を爆撃した原爆の正当性を断固として守り抜くことでした。原爆は正しかった、命を救ったと人々が信じ続けるようにすることです。

こうしてコナントは原爆神話の確立に全力を挙げたのです。

第六章

原爆神話の解体

一階部分が爆風で崩壊した下村時計店。広島原爆の爆心から620メートルの地点にあった（朝日新聞社）

一　「事実に基づく」ドキュメンタリー映画

原爆神話がニューヨークタイムズのローレンス記者らによって形づけられ、ハーヴァード大学のコナント学長によって確立したことをこれまで記してきました。狙いどおりに形成され根付いていった理由の一つは、広島と長崎の犠牲者や被爆者の悲惨さが写真や映像で伝えられなかったからです。アメリカ政府・軍による検閲とマスメディアの自己規制によって、視覚的に原爆が隠蔽されたのです。これについては、二章と四章で述べたとおりです。

隠蔽だけではなく視覚的な捏造がありました。テレビがほとんど普及していなかった当時、圧倒的な影響力を持った視覚メディア、映画によって実際にはなかったことまで捏造されて原爆神話が裏打ちされ、国民の心の中で固く信じられることに一役買っているのです。原爆の実相は視覚的に隠蔽された一方で、原爆神話は捏造された映像によって刻み込まれたのです。

コンプトン論文（四章三節参照）、それを称えるトルーマン書簡、そして原爆神話確立の決定打となったスティムソン論文（四章二—四節参照）の発表に続く一九四七年三月、「原爆の事実を伝える」「マンハッタン計画のドキュメンタリー」と銘打った映画が公開されました。映画の題名『始まりか、それとも終わりか』*The Beginning or the End* は、トルーマン大統領自ら名付けたものです。

コナントが裏で糸を引いて制作させたわけではありません。むしろ当初は「原爆の事実を伝える」ために制作される予定でした。しかし、ホワイトハウスと戦争省は台本から実際の映像まで

6-1　映画「始まりか、それとも終わりか」ポスター

の決定権を持つことを条件に制作を承認しました[1]。脚本から演出まで原爆開発の主要人物はみな口を挟み、開発司令官のグローヴス少将は指導料として一万ドルを受け取っています。結果は火を見るより明らか、政府と軍の狙いどおりに映画は仕上がりました。

修正命令の例を挙げましょう。試写版を見たホワイトハウスは原爆の使用決定についてトルーマンが熟慮をしたように描かれていないと抗議をし、台本の修正と撮り直しを命じています。「あのような重大なことの決定があまりにも軽率に行われたように描写されると、外国人からアメリカに対する信頼をなくしてしまう」という意見を踏まえてのことです[2]。トルーマンは自分役の俳優が気に食わずクビにしています。原爆攻撃の決定は、別のトルーマン役俳優が軍人、科学者、民間人と幾度も会議を重ね熟慮の末に決定したように撮影し直されました[3]。史実とまったく異なります。

この映画の宣伝用の予告編では、「映画は事実に基づいており、公式の承認を受けている」と画面に登場する記者役が語り、そして、派手な効果音とともに「FACTUAL!」（事実に基づく！）、「AUTHENTIC!」（正真正銘！）という文字が映し出されます。当時の映画鑑賞者数を考えると、この映画を実際に見ていなくても膨大な数のアメリカ人がこの予告編を目にしたと推測できます。「始まりか、それとも終わりか」に描かれたことはすべて事実である」とアメリカ人に印象づけたことは間違いないでしょう。

映画そのものも、「ニュース映画」そっくりの映像から始まっています。「ニュース映画」とはテレビが普及するまで映画館で本編とあわせて上映（併映）されたもので、当時としては現在のテレビニュース的な役割を果たしていました。映画冒頭の「ニュース映画」を模した映像を見ることで観客は無意識に「この映画はニュースのように事実を伝えている」と感じたはずです。(4) 事実を伝えるために制作決定されたこともあり、最初の台本には原爆使用に対する疑問、また、原爆の被害者を描写する場面が織り込まれていました。(5) しかし、こうした場面はすべて削除され、台本は書き換えられました。

映画の中に詰め込まれた原爆神話

映画の捏造部分に話を移します。ポツダム会談中にトルーマンが原爆について報道官チャーリー・ロス Charlie Ross に打ち明ける場面です。トルーマンは後ろ姿だけ映し出されます。二人のやり取りの中に、原爆神話の多くが出てきます。少し長くなりますが、原爆神話が集約された会話であり、日本ではあまり知られていないことですので、二人（トルーマン＝T、報道官＝R）の会話を紹介しましょう。(6)

R　今、日本への最後通牒、ポツダム宣言を記者発表してまいりました。

T　反応はどうだった？

R　非常に好意的でした。ただ、いくつか突っ込んだ質問が。〔中略〕最後の文に対してです、大統領。「日本にとり、それ以外の選択というのは迅速かつ完全な破壊である」。「迅速な」という言葉が引っかかったようです。〔中略〕ある記者は、我々が秘密めいた兵器を手にしたのかと疑っていました。

T　その新聞記者は鋭い勘を持っている。〔中略〕国家の最高機密を君に話したい。〔中略〕我々は人類がこれまでにつくり出した最も恐ろしい兵器を開発した。原子爆弾だ。〔中略〕戦争に使われれば、そのエネルギーは人類の理解を超えた破壊力を持つ。

R　理解できましたが、「迅速かつ完全な破壊」が意味するのは?〔少し間を置き、納得したように〕日本ではなく、我々が原爆を手にしたことを神に感謝します。彼らが手にすれば、必ず我々に対して使うでしょうから。

T　それは原爆を使う理由の一つではあるが、チャーリー、決定的な根拠ではないのだ。

R　あまりにも恐ろしいことです。大統領は眠れない夜が続いたことだと思います。

T　わたしはチャーチル首相、そして、陸軍と海軍の最高幹部にも意見を仰いだ。民間の人々とも話をした。相談したすべての人はこう言った。原爆は戦争を少なくとも一年は短縮すると。

R　いつ、それを使うのですか。

T　それもわたしが考えなければならないことだ。陸軍は重要な軍事目標である日本のいくつかの都市を選んだ。軍事産業、軍事施設、兵員の集結、そして要塞化している場所だ。

それらすべての都市に一〇日前にはビラを大量に散布することにしている。住民に避難するよう、そして、何が起こるかを告げるためだ。こうした警告が命を救うことになるよう望んでいる。

R　そうなるはずです。そして、原爆が戦争を早く終結させるのなら、何千ものアメリカ人の命を救うはずです。

T　一年も戦争を短縮するのだよ、チャーリー。つまり、三〇万人の、おそらく五〇万人のアメリカの最良の若者の命を救うのだ。それだけではない。何千ものイギリス人、ロシア人、中国人、そして、日本人の命も救う。こうしたことが決定的な判断となったのだ。

R　アメリカ大統領として、他の選択肢はなかったはずです。

T　大統領として、他のことは選べなかった。

本書をここまで読んでいただければ、トルーマンと報道官の会話は「開いた口がふさがらない」はずです。はなはだしい捏造会話を検証しましょう。

報道官は、日本が原爆の開発に成功すればアメリカに対して必ず使うだろうと話していますが、そもそも日本が開発できないことをアメリカは知っていました。ドイツとは開発競争をしていましたが、日本は無理だとアメリカはわかっていたからこそ日本が攻撃目標に選ばれたのです。なぜなら、仮に原爆が不発弾となり回収されたとしても、日本はそれから何も得ることはできないと見下していたからです（五章六節参照）。

トルーマンは原爆を実戦使用するかどうかで眠れない夜を過ごし、イギリス首相、軍人、民間人と話し合った熟慮の末に、決定を下したとしていますが、実際は原爆を使用するかどうかについては話し合われていません。日本を原爆で攻撃することは彼が大統領になる前からすでに決まっていたことです（五章六、八節参照）。また、本人は原爆使用について「一晩も眠れないことはなかった」と公言しています。

さらに、原爆の使用によって戦争終結を一年早めることになり、さらには三〇万人から五〇万人のアメリカ人の生命だけではなく、日本を含めた他国の人々の命を救うことになると話しています。しかし、いずれも原爆を正当化するために粉飾された数字です。このことは本章三節の「原爆神話の解体」で詳しく解説をします。

二　歴史的捏造「原爆警告ビラの投下」

原爆が事前の警告なしに都市の攻撃に使われたことは、事実を知る一部では非難の的になっていました。警告をしないことは暫定委員会が決めたことですが、この事実が知れ渡り問題になれば原爆神話を揺るがす可能性もありました。事実そのものを改ざんすることはできなかったので、まいてもいない原爆の警告ビラを、人々の原爆理解の中だけでも「まいたこと」にしたかったのでしょう。前節で示したとおり、報道官との会話の中でトルーマンは「事前警告のビラを大量に散布することで、命を救うことになれば」と事実とは正反対のことを観客に伝えています。そして、映画のヤマ場、原爆を投下する直前の爆撃機内の場面でも、「事前警告」は繰り返し強調されました。

その（捏造）場面を紹介しましょう。なお、この場面では広島を目前にしたB29エノラゲイが激しい対空砲火に見舞われます。「対空砲火をかいくぐった原爆攻撃任務」という武勇伝を演出するためです。実際にはエノラゲイは何も攻撃を受けていません。

さて、映画では原爆を投下する直前のエノラゲイ乗組員の会話として以下の場面があります。[7]

「警告のビラを彼らに投下し続けて今日で一〇日だ。つまり真珠湾で彼らがしたよりも一〇日前に警告したわけだ」

「ビラの投下」については「現在完了進行形」が使われ、「ずっとし続けている」意味合いが強調されています。また、ここでも軍事基地攻撃の真珠湾攻撃と都市を狙った無差別攻撃の広島原爆が比較され、「こちらは一〇日前から警告するビラの投下を続けている」という虚偽によって原爆攻撃にこそ正当性があると主張されています。

トルーマンは原爆ラジオ演説（一章五節参照）やコンプトン宛の書簡（四章四節参照）で、日本に原爆の事前警告を与えたという虚偽の主張を繰り返しました。ニューヨークタイムズなどアメリカの報道機関は検証することなくそのまま伝え、いつの間にか原爆の事前警告が行われたことは「事実」となっていました。しかし、トルーマンは「どのような方法で、どのように警告したか」については明言することなく、原爆のことには一言もふれていないポツダム宣言を「原爆の事前警告」にすり替えていただけでした。

原爆を警告するビラはたしかにまかれていますが、長崎が廃墟になった翌日でした。[8] このビラは原爆が開発製造されたロスアラモスの歴史博物館に展示されています。ただ、展示説明文は、このように間違って記されています。「広島と他の都市が完全に破壊されることもあると警告する何千枚ものこのビラが日本全土にB29から配布された」[9]。博物館でさえこのような体たらくなのです。

この「事実に基づく、公式の承認を得た」映画では、事前警告の方法を具体的に、そして日本に猶予を与えたことを強調するため「一〇日前に警告のビラを大量散布する」とトルーマンに語らせているわけです。さらに、エノラゲイ乗組員の台詞では、トルーマンの「一〇日前に」から「一〇日前から投下し続けている」と警告の度合いをより高めています。

原爆開発に関わった物理学者ハリソン・ブラウン Harrison Brown 博士は、事前警告の二つの場面について「歴史上、最も嫌悪すべき捏造だ」と学会誌に記しています。[10] そして、皮肉を込め

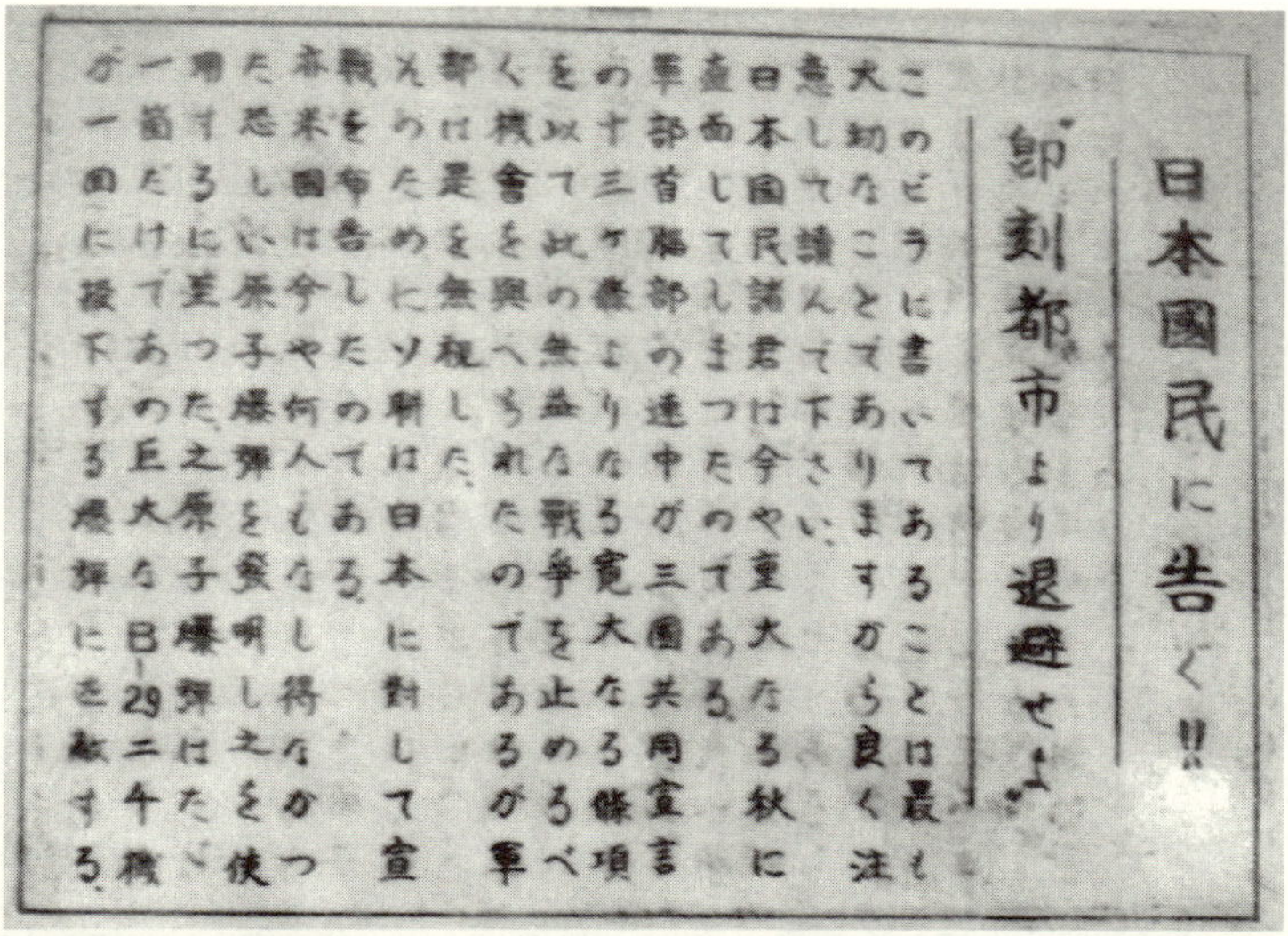

日本國民に告ぐ!!

即刻都市より退避せよ

このビラに書いてあることは最も大切なことでありますから良く注意して讀んで下さい。

日本國民諸君は今や重大たる秋に直面してしまつたのである。

軍部首脳部の連中が三國共同宣言の十三ケ條よりなる寛大なる條項を以て此の無益な戦争を止めるべく機會を與へられたのであるが軍部は是を無視した。

えのためにソ聯は日本に對して宣戦を布告したのである。

亦米國は今や何人もなし得なかつた恐しい原子爆弾を発明し之を使用するに至つた。之原子爆弾はたゞ一箇たけであの巨大なB-29二千機が一回に投下する爆弾に匹敵する。

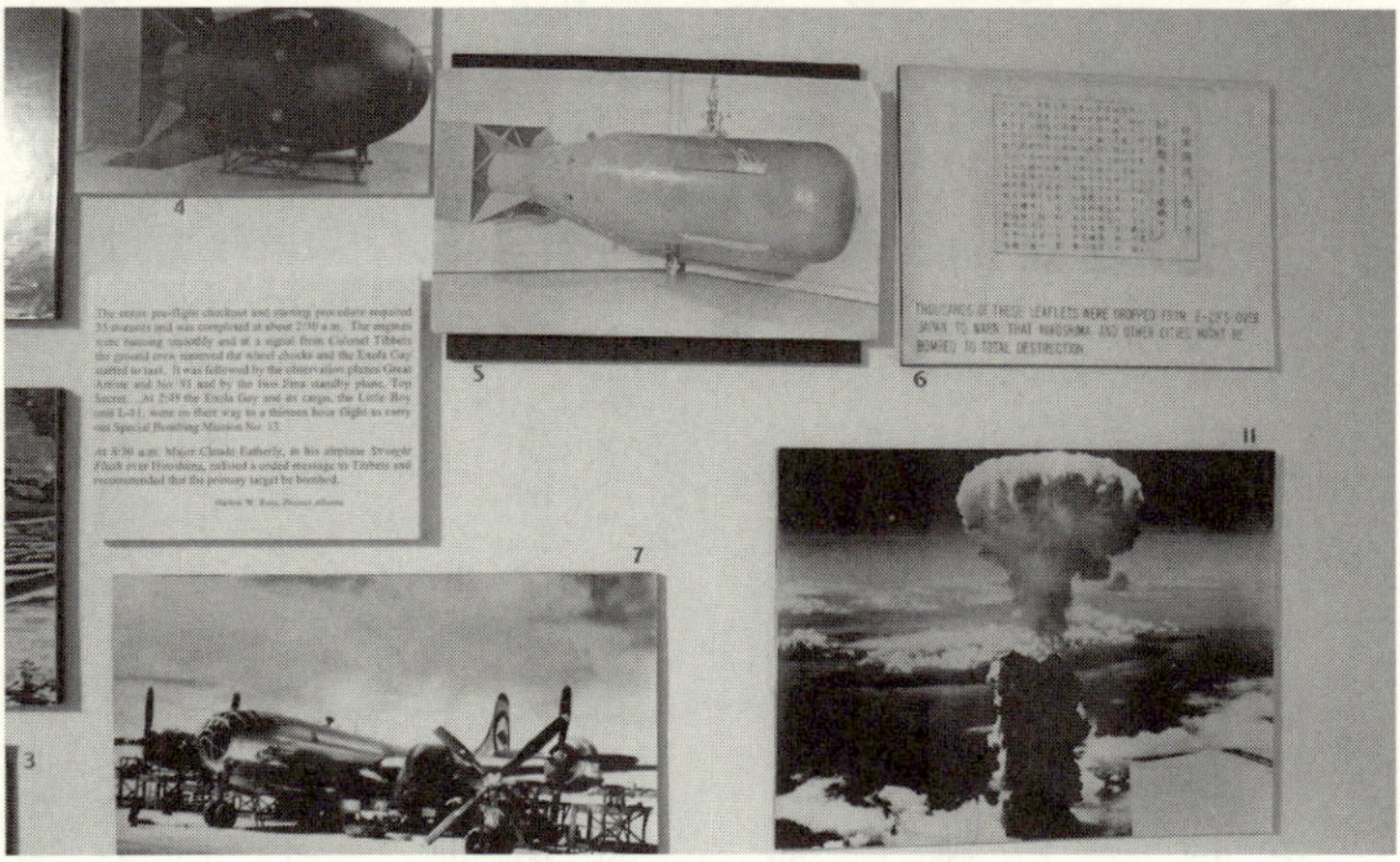

6-2　ロスアラモス歴史博物館の原爆関連の展示（右上が上の写真のビラ、筆者撮影）

て（人々に原爆の正当性を印象づけるには）「極めて効果的だ」としています。ブラウンの見立ては間違っていませんでした。映画公開後、「日本は原爆投下まで一〇日も猶予を与えられた。それなのに降伏しなかった」と全米の新聞は報じているのです。[11] 原爆が使われる前に広島と長崎は警告のビラがまかれている（つまり、正当な攻撃だ、多くの市民は避難して無事だった）と信じているアメリカ人はいまだに多くいます。

二つの事前警告ビラの場面が、ホワイトハウスや軍、もしくはコナントの指示によって埋め込まれたという証拠はありません。しかし、彼らは映画の内容について事前に確認し修正や撮り直しを指示し、最終的には承認していること、また、映画は「事実に基づいている」と大々的に宣伝していることを思い出してください。

作品としての映画の出来栄えと演出に対する酷評は多かったものの、事実とは明らかに異なることや捏造された場面に対する批判はほとんど起こりませんでした。当時、今では明らかになっている機密文書が公開されていなかったこともありますが、事実に基づくと銘打っている映画に対して報道機関は検証して事実と捏造を明らかにすべきでした。たとえば、「事前警告のビラを投下した」という点については検証するまでもなく、明らかにつじつまが合っていません。なぜなら、この映画公開の一カ月前に公表されたスティムソン論文（四章三節参照）では暫定委員会が決定した方針「事前の警告なしで使われるべきである」が明記され、「警告によって日本を降伏させる可能性はない」と理由まで記されているからです。単なる怠慢なのか、忖度なのか、それとも政府と報道機関の共謀なのかどうかはわかっていません。

当時、原爆の使用はどのように決定されたのか、どのように攻撃されたかを映像で伝えたものは、この映画が唯一です。[12] 原爆についてアメリカ人が信じたかったことを映画は視覚を通して伝え、観客は信じていたことを映像で再確認しさらに確信を深めたのです——アメリカの英知と産業力が結集し原爆をつくり上げ、人情味あるアメリカ人はその使用に最後まで悩み逡巡した結果、戦争終結を早めアメリカ人だけではなく日本人の生命を救うために警告をした上で使用した。

原爆神話が詰め込まれたこの映画は、神話の確立にどれほど貢献したことでしょう。

三　原爆神話の解体

本書の締めくくりとして、ニューヨークタイムズの報道分析などから明らかにしてきた原爆神話をまとめて検証していきます。まずは、五つの原爆神話を再び紹介しましょう。

①原爆は民間人の犠牲を避けるために、そして事前の警告をした上で軍事目標に投下された。
破壊したのは軍事基地と軍事施設、殺傷したのは軍人が中心で、民間人の犠牲を最小限にとどめている。

②原爆のとてつもない衝撃によって日本を降伏させ、戦争を早く終結させた。
③その結果、計画されていた日本本土決戦を回避することができ、五〇万人から一〇〇万人（あるいは数百万人）のアメリカ人の命を救った。それ以上の日本人の命を救った。
④つまり、原爆はアメリカと日本にとっての救世主である。神から選ばれた民であるアメリカ人は、神に託され原爆を使用した。
⑤原爆の熱と爆破が日本人を殺したのであり、放射能障害はほとんどない。原爆の放射性物質（ウランやプルトニウム）は桁外れの爆発と熱に変わり、放射能をほとんど残していない。つまり、通常兵器の延長である。残留放射能は（ほとんど）なく、爆発の瞬間に犠牲者のほとんどは死亡している。

それでは、かつては機密文書だった公式文書や歴史考証の成果を提示しながら、原爆神話の根拠のなさと欺瞞を解き明かしていきます。

神話① 原爆は事前警告をした上で軍事基地を攻撃し破壊

警告せず無傷の都市の破壊規模測定

「軍事目標」の嘘偽りについては、詳しく説明をしました（一章四、五節参照）。「事前警告」については、前節で映画による「ビラの投下」という「歴史的な捏造」を明らかにしました。人口密集地を事前警告することなく原爆で攻撃することについては、公開された暫定委員会の機密文書（五章六節参照）などがはっきりと証明しています。ここでは、神話①の嘘偽りのはなはだしさをさらにあぶり出していきます。

広島の原爆攻撃をアメリカにたとえた言い方があります。「ニューヨークにたとえるなら、マンハッタン対岸のブルックリン海軍造船所を破壊するために、マンハッタン商業地区の中心、メイシーズ百貨店を標的にして原爆を投下するようなものだ」[13]。アメリカ人であれば、誰もが「そうだったのか……」とため息をついて納得するたとえです。

広島が原爆攻撃目標に選ばれた理由は、そこが「日本陸軍の重要基地」（トルーマン声明）だったからではありません。「原爆の破壊力が都市攻撃でどれほど広範に及ぶかを明確に把握するため」でした[14]。原爆攻撃の標的は、都市をどれだけ破壊することができるかを科学的に測定するため、軍の原爆標的委員会で話し合われ決められたことです。このことは、開発責任者のグローヴス少将が京都を攻撃目標にすることに固執し、長崎には反対していたことからもわかります。彼が京都にこだわった理由は、地形が平坦で空爆を受けておらず「原爆の破壊力を検証するには最適」な都市だったからです[15]。一方、長崎に反対した理由の概要はこうです――長崎は細長く二つの丘陵が爆発の衝撃をそらしてしまうため地形的にも原爆の目標としては適切ではない。しかも、すでに激しい空襲を受けており、原爆による破壊を正確に測定することは難しい[16]。

このように軍の原爆標的委員会、そして最高決定機関で都市攻撃を決定しているのです。それなのに悪びれもせず、「一〇日前には原爆攻撃の警告ビラをまいた」「民間人の犠牲を限りなく少なくするために軍事基地に投下して破壊した」と大統領声明や演説から記事、映画で原爆神話が語り続けられているのです。

原爆が殺傷したのは大方が軍人であると信じられているだけではありません。原爆による犠牲者数は極端に少ない数が「事実」として信じられています。『合衆国戦略爆撃調査 広島と長崎における原爆の効果』では、広島原爆の死者数を七万―八万人としています（四章三節参照）。これはおそらく、原爆が炸裂した瞬間と直後に死亡した数の推計でしょう。つまり、原爆の放射能による後遺症で死亡した犠牲者は除外してあると考えられます。なお、一九四五年末までに亡くなった原爆犠牲者は約一四万人です（広島市推計）。

アメリカや世界中の新聞記事やニュースばかりか歴史・政治学者の学術論文でも、この七万―八万人という数字（もしくは近い数字）がいまだに大手を振っています。単なる数字では済まされない問題が起きています。「広島原爆による被害は東京空襲犠牲者の一〇万人より少なく、破壊規模も小さい」「レニングラード包囲戦の比ではない」。このように原爆被害の矮小化に使われることが多いのです。新聞や雑誌の記事はともかく、学術論文の中でも「広島への原爆投下によって約七万人」は定型句のように使われ、「人類が初めて経験する武器であったが、被害規模や犠牲者の数からすると（それほどでもない）」と決まったように続きます。

最後に、トルーマンは原爆が子供や女性を犠牲にすることをわかっていなかったのでしょうか。軍による当初計画では原爆が製造されるたびに日本の都市を攻撃することになっていました。しかし、長崎原爆後の八月一〇日の閣僚会議でトルーマンは原爆攻撃の中止を命じています。その理由は日本のポツダム宣言受諾の申し入れが伝えられた後だった可能性もありますが、中止命令の直接の理由について当時の商務長官でルーズヴェルト時代の副大統領ウォレスが記しています。[17]「〔広島原爆の詳細な報告を受けたトルーマンが中止命令を出したのは〕さらに一〇万人もの人々を消し去ることはあまりにもひどいと考えたからだ。彼〔トルーマン〕が言うには「あの子供たちをみんな」殺すという考えは好きではなかった」。つまり、破壊状況の報告を受けた後のトルーマンは、原爆で都市を壊滅させれば無防備な子供たちこそ犠牲になることをはっきり認識していたと考えられます。

神話② 原爆は日本を降伏させた

ソヴィエト参戦の衝撃

原爆は日本の降伏を決定づけたのでしょうか。七〇年を超える歴史学者や政治学者の研究により、見解はほぼ集約されています。[18] 結論からいうと、原爆は日本を降伏に追い込んだ要因の一つではあっても、唯一の決定要因とはいえないのです。ソヴィエトの参戦が決定要因、もしくは参戦と原爆の二つが組み合わさって決定要因になったのです。

八月六日に広島、そして、九日は長崎に原爆が使用され、一五日の終戦を迎えました。日本の降伏はあたかも広島と長崎の原爆がもたらしたかのようにアメリカでは信じ続けられています。原爆神話の根拠となるものです。原爆が使われた直後に日本は降伏しているので、それによって日本は降伏したと多くの日本人も信じ切っています。果たしてそうでしょうか。

この考え方の形式は以下のように表せます。

・二発の原爆が広島と長崎を壊滅させた後、日本は降伏した。

・すなわち、原爆が原因で日本は降伏した。

このような考え方を「前後即因果の誤謬《ごびゅう》」といいます。時系列に因果関係があると考えてしまう誤謬（間違い）を意味します。少し極端ですが一例を挙げると「黒猫が目の前を横切った後で、地震が起きた（台風が襲来した、風邪をひいた等々）。すなわち、黒猫が地震を引き起こした」もそれに当てはまります。

長崎原爆の前、九日未明に起きたことを見逃していないでしょうか。二つの原爆に挟まれた戦争の決定的出来事、ソヴィエトの参戦はあまり振り返られません。また、日本は原爆攻撃の前には降伏していなかっただけですでに戦いには敗れていたことも覚えておく必要があります。(19)

戦後公開されていった日本、アメリカ、そしてソヴィエトの機密文書や聞き取り調査によって、研究者の多くはソヴィエトの参戦こそ日本を降伏に追いやった決定要因、参戦と原爆が組み合わさって決定要因になったと結論付けています。ただ、ソヴィエト参戦が日本の降伏に果たした影響の「決定度」の程度については意見が分かれています。「ソヴィエト参戦がほぼ唯一の決定要因」から、「参戦が最大の決定要因」、また、「参戦と原爆が決定要因」まで数多くの分析があり、この点については歴史学者や政治学者の間で統一見解には至っていません。(20)こうした研究結果と根拠だけでも多種多様で膨大な数があり、ここで包括的に紹介することは不可能です。

ここでは「決定度」はさておいて、「ソヴィエトの参戦は日本降伏の決定要因」とする分析結果の根拠を簡潔に紹介しましょう。[21] なお、筆者自身は「ソヴィエト参戦が最大の決定要因」という立場です。

参戦で軍事、外交、政治政策の崩壊

ソヴィエト参戦が日本の戦争遂行に終止符を打った決定的な理由は三つあります。一つ目は軍事的な理由です。(皮肉なことですが) 原爆神話の形成から確立まで大きな役割を果たしたニューヨークタイムズの記事に一部を代弁してもらうことにします。一九四五年八月九日付一面のイラスト付きの記事「日本を取り囲む攻撃が完全なものに」がわかりやすく解説をしています。

イラストが示すように、ソヴィエトの参戦によって軍事的に日本は敵国に完全包囲されました。しかも、その敵は歴史上最も強大な軍事力を要した国々です。このことが軍事的にどれほど重大なことだったかは、タイムズ紙一面の最上部の見出し「ソヴィエトは日本に宣戦布告」、二番目の見出し「満州に攻撃と東京が発表」が表しています。同じ日の長崎原爆は三番目の見出し「長崎に原爆が放たれる」に追いやられています。記事はこう伝えています。「ソヴィエトが日本との戦争に参戦したことで、敵は新たな方面から軍事力を突きつけられた。日本はすでにアメリカによって北東と南方から、中国とイギリスによって西方と南西か

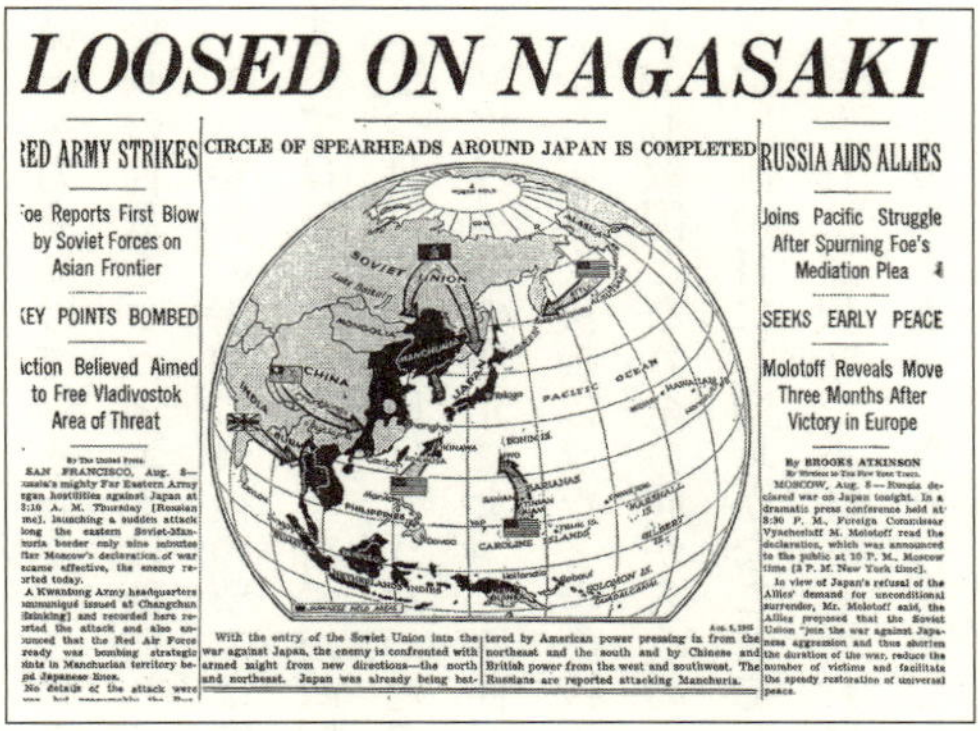

LOOSED ON NAGASAKI

ƎED ARMY STRIKES

ʼoe Reports First Blow by Soviet Forces on Asian Frontier

ƘEY POINTS BOMBED

ıction Believed Aimed to Free Vladivostok Area of Threat

By The United Press.

SAN FRANCISCO, Aug. 8—ussia's mighty Far Eastern Army egan hostilities against Japan at 3:10 A. M. Thursday [Russian me], launching a sudden attack long the eastern Soviet-Manhuria border only nine minutes fter Moscow's declaration of war ecame effective, the enemy reorted today.

A Kwantung Army headquarters ommuniqué issued at Changchun Hsinking] and recorded here reorted the attack and also anounced that the Red Air Force lready was bombing strategic oints in Manchurian territory beond Japanese lines.

No details of the attack were

CIRCLE OF SPEARHEADS AROUND JAPAN IS COMPLETED

Aug. 8, 1945

With the entry of the Soviet Union into the war against Japan, the enemy is confronted with armed might from new directions—the north and northeast. Japan was already being battered by American power pressing in from the northeast and the south and by Chinese and British power from the west and southwest. The Russians are reported attacking Manchuria.

RUSSIA AIDS ALLIES

Joins Pacific Struggle After Spurning Foe's Mediation Plea

SEEKS EARLY PEACE

Molotoff Reveals Move Three Months After Victory in Europe

By BROOKS ATKINSON

By Wireless to The New York Times.

MOSCOW, Aug. 8—Russia declared war on Japan tonight. In a dramatic press conference held at 8:30 P. M., Foreign Commissar Vyacheslaff M. Molotoff read the declaration, which was announced to the public at 10 P. M., Moscow time [3 P. M. New York time].

In view of Japan's refusal of the Allies' demand for unconditional surrender, Mr. Molotoff said, the Allies proposed that the Soviet Union "join the war against Japanese aggression and thus shorten the duration of the war, reduce the number of victims and facilitate the speedy restoration of universal peace.

6-3　ニューヨークタイムズの1945年８月９日付１面。下はその部分拡大。

ら打ちのめされている」

二つ目。外交的には、ソヴィエトの参戦時点で日本の政策は完全に崩壊しました。日本は日ソ中立条約を結んでいたソヴィエトに仲介してもらい、アメリカなど連合国と和平協定を結ぶ努力を続けていました。このタイムズ紙記事も「ソヴィエト外相は、六月中旬に日本は停戦の仲裁をソヴィエトに依頼していることを初めて明らかにした」と伝えています。ソヴィエト参戦の瞬間に最後の望みは完全に絶たれたのです。日本の友好国は皆無となり、残りすべては最強の軍事力を持った敵国、もしくは中立国になりました。

三つ目。政治的にはどうだったのでしょう。当時の鈴木貫太郎内閣は日ソ中立条約の延長とソヴィエトの仲介によって連合国との和平をめざしつつ、本土決戦にも備えていました。しかし、本土決戦はソヴィエト抜きの連合国との戦いを想定していたにすぎません。ソヴィエトも敵国となり全方向から攻め入る史上最強の敵国軍となればそれと戦えるわけのないことは、誰の目にも明らかなことでした。日本は政治的な選択肢をすべて失ったのです。あえて残された選択肢を挙げるとすれば「一億玉砕」でした。これは戦意高揚を鼓舞するためのスローガンであり、真剣に考えていた政治家や軍人はどれほどいたことでしょう。現実的にはソヴィエト参戦の時点で降伏するしかなかったのです。

次に、原爆が日本の戦争政策の最高決定機関、最高戦争指導会議の構成員にどのような影響を与えたのかを検証してみましょう。原爆で広島と長崎が灰燼《かいじん》に帰す前に、すでに日本の六四の都市は壊滅していました。新たに二つの都市が全滅したことがどれほどの意味があったでしょうか。あくまでも原爆の威力や被害の実態など何もわかっていなかった「当時としては」ですが、原爆の相対的な重要度も衝撃度も高かったとは考えられません。最高戦争指導会議の構成員が居していた東京も空襲で破壊されていました。

また、八月七日（日本時間）のトルーマン原爆声明のラジオ放送により、広島に使われた爆弾は原爆であることを日本はつかんではいましたが、当初はプロパガンダ（偽情報による攪乱）だと疑われていました。現地広島での調査で原子爆弾であることが確認されたのはその翌日のことです。原爆であることが確認されたとはいえ、被害は「甚大」だという以外にはその破壊力も放射能の影響もわかるはずがありません。通信も交通も破壊された広島からの情報は、断片的なものにすぎませんでした。このような情報環境の下で、わずか数日で、原爆が降伏の決定的な要因になりえるでしょうか。ただし、「敵は新たに残虐なる爆弾（原爆）を使用」（玉音放送）したことを降伏の理由とすることは、日本軍の面目を保つには最適でした。

それとは反対に、一縷の望みだったソヴィエトが敵国になった衝撃は、叩きのめされるほどだったでしょう。日本が頼みの綱としていた軍事的、外交的、そして、政治的な選択肢はすべて消え失せたのです。万事休すです。最高戦争指導会議が開かれたのは、ソ連参戦の直後です。

原爆攻撃をした理由と目的

原爆は日本を降伏させた決定要因ではなくても、アメリカが日本を降伏させようとして実戦使用したことは疑いの余地はありません。しかし、これが唯一の目的でもなければ、むしろ別の目的、つまり、ソヴィエト対日参戦前に原爆を実戦使用することで「外交兵器diplomatic weapon」という切り札を手にソヴィエトを威嚇する目的のほうが重要であったと考えられます。また、他にいくつも理由があったことを本書では原爆神話とともに説明をしてきました。ここでは、「アメリカが日本に原爆を使った理由と目的」について列挙しておきます。

その前に、「目的」ではなかったことについて記しておきます。原爆神話では、原爆によって日本は降伏し、その結果として本土侵攻を回避できたと信じられています。しかし、そもそも本土侵攻を回避する目的は原爆使用にはありませんでした。後付けの理由にすぎません。

これから列挙する「アメリカが日本に原爆を使った理由と目的」の順番は、必ずしも当時のトルーマン政権での重要度、優先度を正確に反映しているわけではありません。研究者の間でも合意には至っていません。

・原爆で衝撃を与え日本を降伏させる（ソヴィエトの参戦を不要にする）
・原爆でソヴィエトを威嚇し戦後政策で「おとなしくさせる」（原爆外交）
・原爆で世界に衝撃を与えアメリカ主導で核の国際管理（原爆外交）
・真珠湾攻撃に対する報復と人種差別
・都市の破壊力の検証と人体実験
・二〇億ドルの巨額費用の正当化と議会による追及回避

神話③　一〇〇万人もの生命を救った

原爆犠牲者数よりはるかに多い必要性

原爆は戦争を終結させた決定要因ではありません。また、本土決戦を回避する目的で原爆が使われたのではありません。つまり、原爆神話「原爆は戦争を終結させ、日本の本土侵攻を回避することができ」、「その結果、一〇〇万人もの生命を救った」というのは、詭弁《きべん》にすぎないわけです。

ここでは一〇〇万人の生命（あるいは損耗人員）という数字がいかに根拠のない、原爆の犠牲者数を覆い隠すための粉飾数字であるかを説明しましょう。[22]一〇〇万人という数字が使われた理由です。原爆が殺した日本人の数（「合衆国戦略爆撃調査」では広島七万―八万人と長崎三万五〇〇〇―四万人）よりも、「はるかに多くのアメリカ人の命を救った」ことにしておかないと、都合が悪かったのです。

太平洋戦争ではアメリカ軍の損耗人員（戦死、行方不明、負傷、捕虜などを含む人数）中の戦死者数の比率は五対一でした。また、アメリカ軍と日本軍の戦死者の比率は一対二二でした（本論とは外れますが、日本にとりあまりにも悲惨な戦争だったことを物語っています）。これらの比率を原爆神話「一〇〇万人のアメリカ兵の命を救った」に当てはめると、アメリカは五〇〇万人の損耗人員を出さずに済んだということになります。戦死者一〇〇万人は当時の全アメリカ兵一四〇〇万人の七パーセント（損耗人員は三六パーセント）に当たります。

さて、アメリカと日本の戦死者比率一対二二を当てはめます。アメリカ兵に一〇〇万人の戦死者が出ると仮定すると、日本軍は二二〇〇万人が戦死することになります。この二二〇〇万人というのは、当時の日本軍の九七〇万人（戦死者含む）すべての数の二・三倍で、現実ではありえない数字です。さらに、総員は九七〇万人でしたが、戦争末期に日本本土にいたのは二五〇万人でしたから、現実にいた日本兵の約九倍の戦死者を出すことになります。「一〇〇万人の命を救った」というのは、原爆の犠牲者を矮小化するためにきりがよく大きな数値「一〇〇万」が都合よく取ってつけられただけです。

原爆神話の中では控えめなスティムソン論文の「一〇〇万人の損耗人員」を出さずに済んだとしても、アメリカ兵二〇万人、日本兵四四〇万人の戦死者が出ることになります。日本本土にいた日本兵二五〇万人の二倍近くの戦死者ですから、「一〇〇万人の損耗人員」というのも根拠のないでたらめな主張です。たしかにアメリカについては統計的にはつじつまは合います。しかし、第二次世界大戦のアメリカの全犠牲者数二九万二〇〇〇人を考えると、食うや食わずの状態だった戦争末期の日本を相手に一〇〇万人の損耗人員、二〇万人の戦死者が出る戦いになったのでしょうか。

トルーマンは原爆直後には「何千もの命を救うため」とラジオ演説で（うっかり）表明しています。それから徐々にその数は膨らみ続けました。時には「五〇万人の損耗人員」、あるときはスティムソン論文に合わせて「二五万人の生命」、そして最終的に自伝に「五〇万人のアメリカ兵の命」と記しています。どれも根拠のまったくない数字です。

伝えられた公式予想は最大二万人

軍の最高機関、統合参謀本部 Joint Chiefs of Staff の統合戦略計画委員会の予測（一九四五年六月）では「同年一一月の九州上陸作戦（オリンピック作戦）と翌年三月の関東上陸作戦（コロネット作戦）において合計一九万三五〇〇人の損耗人員、そのうち四万人の戦死者が出る。九州作戦だけでは、一〇万六〇〇〇人の損耗人員、うち一万九〇〇〇人の死亡」と推定していました[23]。

同じ時期に、太平洋に展開していたマッカーサー司令官の部隊による推定も報告されていました。それによると、九州作戦では一〇万五〇〇〇人の損耗人員、そのうち二万一〇〇〇―二万九〇〇〇人の戦死者が出るとしていました。

これら統合参謀本部とマッカーサー部隊の損害推定報告がそのまま大統領や戦争長官に伝えられたのではありません。統合参謀本部内で検討が加えられたものが、六月一八日にトルーマンとスティムソンら軍の最高幹部が出席した会議で、マーシャル参謀総長によって以下のように報告されています[24]。トルーマンの五〇万人の戦死者、スティムソンの一〇〇万人の損耗人員との埋めようのない隔たりがわかります（タイムズ紙社説は数百万人としています）。

九州作戦では最初の三〇日間で三万一〇〇〇人の損耗人員と七〇〇〇―八〇〇〇人の戦死者が予想される。戦争が長期化して九州と関東の二つの上陸作戦が行われた場合、最大で六万三〇〇〇人の損耗人員、うち二万人の戦死者が予想される。しかし、死者は一万五〇〇〇人を上回ることはほぼない。

二万人のアメリカ兵の命を救うために、原爆で少なくとも広島一四万人、長崎七万人の市民を殺すことは正当化できるはずがありません。原爆によって一〇〇万人の損耗人員を出さずに済んだ、もしくは一〇〇万人の命を救ったというのは、原爆を正当化するために極端に粉飾された虚構であることがわかると思います。

一〇カ月に及ぶ徹底的な分析に基づく「合衆国戦略爆撃調査」は、こうした上陸作戦を行わずとも、原爆を使わなくても、一九四五年一一月一日までには、どんなに遅くても同年末までに日本は降伏していたと結論づけています。[25] つまり、原爆が救ったアメリカ兵士の命は「ゼロ」、一方で日本市民の二〇万人以上の命を奪い、さらに多くの被爆者を生み出したにすぎないのではないでしょうか。

神話④ アメリカが神に代わって原爆攻撃

宗教心をくすぐるプロパガンダ

第二次世界大戦は、アメリカ人にとって「善き戦争」でした。それどころか「これまでで最善最良の戦争」「聖なる戦争」でした。[26]「宇宙の根源的な力」（トルーマン声明）を善き兵器として創造できたのも、アメリカ人が神によって選ばれた民だからと信じられています。一〇〇万人もの命を救った原爆をアメリカが使ったことは、神による思し召しに他ならないわけです。

こうしたアメリカの選民意識は独立、建国を支える精神のよりどころとして機能してきました。この国では国家危機のときには神は常に正義＝アメリカに助けの手を差し伸べてくれると信じる精神構造（メンタリティー）があります。こうして、多くのアメリカ人は原爆を開発できたこと、そして、使用したことは神による慈しみ深い施しものであると見なすわけです。(27) 日常の会話、新聞や雑誌の記事には「神よ、原爆に感謝します Thank God for the Atomic Bombs」という言葉があふれかえりました。

原爆は神による施しであるという思考態度は、詩や文学作品の中にまで入り込みました。詩に表現された一例を挙げましょう。

すべてのものを微塵《みじん》に打ち砕くことのできる力
神が信頼されるものに取って置かれた
そして、そのものだけに与えられた
その悪は倒されるであろう(28)

神の名を借りた原爆神話＝正当化論には、聖書やキリスト教の原理主義的な思想も巧みに利用されています。たとえば、「神が原爆を使うべきではないと考えられていたのであれば、神はアメリカに原爆を授けはしない」という考え方です。また、キリスト教徒が不道徳で汚れた存在だとさげすむ異教徒に日本人を見なします。「真珠湾攻撃は、日本という異教徒がキリスト教国アメリカを侵略するために行なったものだ。原爆は異教徒日本人を懲らしめるために、神が選民のアメリカにその術（原爆）をお渡しになった。異教徒による侵略に対しては、全生命を挙げて阻止せねばならず、そのためには何を行なっても神に許される」。こうした言説が記事や評論、教会の説教を通して伝えられたのです。(29)

教会の説教、記事や論評においては、旧約聖書の「ソドムとゴモラ」の運命が引用されて、広島と長崎は「神が滅ぼした」と正当化されることは定番といえるほどです。不道徳で堕落していたため神の裁きにより滅ぼされた二つの都市ソドムとゴモラは、都合よく広島と長崎に重ね合わされます。だまし討ちの真珠湾攻撃、そして、捕虜の非人道的な扱いを行なった日本は不道徳な国であり、二つの都市が滅ぼされたのはまさに神による天罰が下された（アメリカが代理で行なった）というわけです。

このように、神の名のもとに原爆を正当化する原爆神話は、史実ではなく選民意識と宗教心に根ざしているのです。

神話⑤　原爆の放射能はない

開発責任者と公式文書が放射能肯定

政府・軍とニューヨークタイムズが原爆の放射能障害と残留放射能を徹底的に隠蔽してきたことを本書は明らかにしてきました。ここでは、原爆開発の科学責任者と軍の公式調査結果に「原爆は通常兵器の延長」「放射能はない」「残留放射能はない」ことの嘘偽りを明らかにしてもらいます。

コナント学長の提唱した無警告で市民の住む都市に原爆を使用することを決めた一九四五年五月三一日の暫定委員会（五章六節参照）の会議の席上、原爆開発科学責任者のオッペンハイマー博士は開発間近の原爆について出席者にこう説明しています(30)。

（原爆による）放射能の影響は少なくとも半径三分の二マイル（約一キロ）以内では生命の危険がある。

原爆が完成する前からオッペンハイマー、そして開発に携わった科学者は原爆が放出する放射能と人体への影響について具体的に理解していました。この会議には暫定委員会の七人と四人の科学委員に加えてマーシャル参謀総長、そして戦後「放射能で死んだものなどほとんどいない」「残留放射能はない」と繰り返したグローヴス少将（二章四節参照）も出席していました。

「合衆国戦略爆撃調査」（四章三節参照）は一〇カ月に及ぶ調査結果を『広島と長崎における原爆の効果』としてまとめています[31]。一九四六年六月末の公表前に戦争長官らの承認を受け、事前に大統領に提出されています。トルーマンが調査を命じた権威あるものです。この公式調査結果に「神話⑤　原爆の放射能はない」を反証してもらいます。

〔通常兵器と原爆の〕顕著な違いというのは放射能の存在だ。爆発から一週間後でも見逃しようのないものだった。〔中略〕放射能の影響の深刻さは、爆心から三〇〇〇フィート〔約一キロ〕以内にいた生存者の九五パーセントは、放射能障害を被っていることからわかる。〔中略〕

〔やけどやけがをせずに〕放射能による死亡は一五―二〇パーセントを下回ることはないだろう。さらに、同じ数の人間は重度の放射能障害を受けながらも生存し、また、重症には至らなくても数え切れない何千という人はガンマ線の影響を受けた。

「放射能だけによる」死亡は全体の一五―二〇パーセントとしていますが、爆発直後に死亡した人は熱線によるやけど、飛来物や倒壊によるけが、また放射能による障害という複数の負傷を同時に受けており「理論上は何度も死亡していることは疑いようがない」と明言しています。理論上ではあるものの、原爆の犠牲者のほとんどは放射能によるものだということです。

原爆神話は隠蔽と捏造という情報操作によって成り立っているのです。

おわりに

原爆神話は根拠のない、それどころか捏造によってつくり出されたものであることを本書で説明してきました。わたしが解き明かしたというより、多くの研究者によって掘り起こされてきたことです。日本に対して原爆が実戦使用された理由（対ソヴィエトの原爆外交、人種差別など）についても、また、原爆は日本を降伏に追いやった決定要因とは言いがたいことも、歴史や政治学者の調査によって明らかにされ、そして共有されています。

残念ながら、こうした研究の知見は学術の世界にとどまり人々の意識に入り込んでいません。一般のアメリカ人にはほとんど伝わっていませんし、このことは日本人にとってもあまり変わらないでしょう。

ローレンス記者とニューヨークタイムズによる原爆報道がどれほど偏向していたか、虚偽を報じていたかは、検証してみれば見逃しようがありません（一、二章）。ハーヴァード大学のコナント学長が企てたスティムソン論文の内容は、公文書の掘り起こしの進んだ現在では隠蔽と捏造にまみれたものであることは明らかです（四章）。

しかし、当時はタイムズ紙が報じるままに人々は原爆を理解しました。その理解、つまり原爆神話は今も信じ続けられ、スティムソン論文は原爆が使用された理由と原爆が救った命の数の記された「正典」であり続けています。原爆が使われてから七〇年以上経っていますが、アメリカ人の原爆を支持・肯定する意見は過半数を保ち続けたままです[1]。かつては原爆支持が過半数を占めていたイギリスですが、今では「間違いだった」という意見が上回っていることと対照的です[2]。

原爆神話は根深く大きな影響力を持っています。原爆は「救世主」であり、アメリカが「神に代わって」使った「神の授けもの」である限り、原爆を非難できるはずがありません。原爆神話が信仰であり続ける限り、アメリカが、そして世界も核兵器の廃絶に向かうはずがありません。また、核による戦争抑止論に立脚すれば、核兵器は必要なものなのかもしれません。しかし、この考え方も、原爆は善きもの、効果的なものだと信じられていることが根元にあるように思えます。

アメリカでは原爆はアラビアンナイトの「容器から出してしまったジーニー（魔神）」にたとえられることがあります。開発されたからには元には戻せない、世界は原爆とともに生きていくしかないということを意味しています。この諦観の根底にも、原爆は善きものと思い込み自らを欺いている意識があるように感じます。

原爆神話は、結局は情報操作によって人々の意識の中にもぐり込まされた実体のない虚構です。歪曲、隠蔽、捏造による所業に他なりません。では、アメリカの原爆神話をどのように葬り去ることができるのでしょうか。たちどころに消し去る解決策はないでしょう。ただ、情報操作によって原爆神話が形成されたのなら、教育や啓発活動によって原爆神話を解体していくことは不可能ではないはずです。

希望の光はアメリカ人のすべてが原爆神話を信仰しているわけではないことです。本書が参考にした多くの原爆神話を反証する研究成果の多くは、アメリカ人研究者によるものであり、彼らの主張でもあります。わたしの友人であるハワイ大学の政治学者ブライアン・ハレット Brien Hallett 教授も、「原爆は戦争を終結させていないし、命を救ったわけでもない。ただ、市民を虐殺しただけ。このような無差別殺戮兵器は使いようがない。つまり存在の意味はなく、廃絶する他ない」と大学の講義や講演で若い世代に訴え続けています[3]。彼はヴェトナム戦争を戦った元海兵隊員です。

日本に対する屈辱と憎悪の地だったハワイ真珠湾は今や日米融和の地に転換しています。原爆症で白血病になり千羽の鶴を折れば元気になると信じ続けた原爆犠牲者の佐々木禎子《さだこ》さんの折り鶴が展示されたのは二〇一三年のことです。真珠湾攻撃を引き合いに原爆攻撃が当然視されてきた歴史を振り返ると、禎子さんの折り鶴が国立公園のアリゾナ記念館に展示されたことの意義は計り知れません。無辜《むこ》の少女までもが犠牲者になる無差別性、そして原爆障害がいつ発症するかわからない放射能の恐怖——原爆神話に対する全面的な否定を包含しているからです。(4)

世論調査では、第二次世界大戦を経験した世代と、その世代に育てられた（戦争の話を聞かされた）世代は原爆攻撃を賞賛し正当化する強い傾向があります。こうした世代にとって原爆神話は固い信仰でしょう。しかし、若い世代は原爆神話信仰が少しずつ崩れていることを示す世論調査結果もあります。二〇一五年の調査では、一八歳から二九歳の世代は原爆を正当化する比率が過半数を割っています。(5)

別の一条の光もあります。「はじめに」でもふれたオバマ大統領は二〇一六年五月二七日の広島訪問の際に、原爆神話の起源となったトルーマン大統領の原爆声明と相反する演説を行なっています。核兵器を使った唯一の国として、核のない世界の実現のために道義的責任があるとしたプラハ演説と並ぶものだとわたしは評価しています。最後に記しておきます。

アメリカの現職大統領として初めてのオバマ大統領の広島訪問は、驚きとともに諸手を挙げて迎え入れられました。しかし、歴史的な訪問そのものに沸き立つ一方で、演説の内容は顧みられませんでした。むしろ、「核廃絶の具体策がない」「謝罪がなかった」と批判さえされました。

わたしは演説内容に驚きました。「トルーマンらが歪めてきた原爆の事実を正している！」

オバマ大統領は演説の冒頭でこう語りました。「閃光と覆いつくす炎は街を破壊し（中略）一〇万人を超える日本の男性、女性、そして子供たち」（傍線は引用者）が原爆の犠牲になったと。

一章で検証したように、トルーマン大統領は原爆の閃光と覆いつくす炎が「日本陸軍の重要基地」（声明）を破壊し、その理由は「民間人の死者を可能な限り避けた」からだと演説で語りました。そのまま人々が信じるようになったことは本書で解き明かしてきたとおりです。原爆の犠牲者のほとんどは街に暮らしていた女性や子供たちであることは、多くのアメリカ人の意識にのぼらないのです。

そして、広島原爆の犠牲者の数も重要です。一九四五年末までに約一四万人が亡くなっています。しかし、米国公式推定値は約七万―八万人（合衆国戦略爆撃調査）です。原爆直後は「数千人の兵士を殺した」としか発表されていませんでした。しかし、オバマ広島演説では、実数である一四万人と相容れないわけではない「一〇万人を超える死者」と明言されたことも決して見逃すべきではない大きな意義を持っています。

原爆で亡くなった人の数、そして、何を破壊し誰が犠牲になったのかについて、これまでの米国公式見解を修正する内容がオバマ広島演説で明言されました。つまり、原爆神話に小さな裂け目が入ったのです。(6)

原爆神話を崩し去るには長い時間が必要でしょう。事実を伝え続けることで、いつかは成し遂げることができるはずです。

枕草子のたくらみ

「春はあけぼの」に秘められた思い

山本淳子

なぜ藤原道長を恐れさせ、紫式部を苛立たせたのか

ネガティブ・ケイパビリティ 答えの出ない事態に耐える力

帚木蓬生

教育・医療・介護の現場でも注目の「負の力」を分析

日本人は大災害をどう乗り越えたのか

遺跡に刻まれた復興の歴史

文化庁編

たび重なる大災害からどう立ち上がってきたのか

江戸時代 恋愛事情

若衆の恋、町娘の恋

板坂則子

江戸期小説、浮世絵、春画・春本から読み解く江戸の恋

asahi sensho

歯痛の文化史

古代エジプトからハリウッドまで

ジェイムズ・ウィンブラント著／忠平美幸訳

恐怖と嫌悪で語られる、笑える歯痛の世界史

くらしの昭和史

昭和のくらし博物館から

小泉和子

衣食住さまざまな角度から見た激動の昭和史

高田長老の法隆寺いま昔

高田良信 構成・小滝ちひろ

「人間、一生勉強や」。当代一の学僧の全生涯

身体知性

医師が見つけた身体と感情の深いつながり

佐藤友亮

武道家で医師の著者による、面白い「からだ」の話

（以下続刊）

井上泰浩（いのうえ・やすひろ）
山口県生まれ。広島市立大学国際学部教授。情報通信学会評議員。ミシガン州立大学院博士課程修了。博士（マスメディア）。全国紙記者を経て現職。ハワイ大学マノア校客員研究員も務めた。著書に『メディア・リテラシー　媒体と情報の構造学』（日本評論社）、『世界を変えたアメリカ大統領の演説』（講談社）など。訳書に『アメリカの陰謀とヘンリー・キッシンジャー』（集英社）。

朝日選書 972

アメリカの原爆神話と情報操作
「広島」を歪めたNYタイムズ記者とハーヴァード学長

2018年6月25日　第1刷発行

著者　井上泰浩

発行者　須田　剛

発行所　朝日新聞出版
〒104-8011　東京都中央区築地5-3-2
電話　03-5541-8832（編集）
03-5540-7793（販売）

印刷所　大日本印刷株式会社

Published in Japan by Asahi Shimbun Publications Inc.
ISBN978-4-02-263072-8
定価はカバーに表示してあります。

落丁・乱丁の場合は弊社業務部（電話03-5540-7800）へご連絡ください。
送料弊社負担にてお取り替えいたします。

注

ニューヨークタイムズの記事は以下のように表記した.
NYT 年／月／日 p.ページ数 by 著者 “主見出し”.

はじめに

（1） 1995年には，パグウォッシュ会議（核兵器と戦争の廃絶を訴える科学者の国際団体）とドイツの原爆開発断念を知った後に開発の根拠はなくなったとマンハッタン計画を辞任したジョセフ・ロートブラット Joseph Rotblat 博士が，1985年は核戦争防止国際医師会議 International Physicians for the Prevention of Nuclear War: IPPNW が平和賞をそれぞれ受賞している．廃絶を提唱したものではなく，また，批判はあるものの非核三原則を唱えた佐藤栄作首相にも1974年に贈られている．

（2） 詳しくは以下を参照．Capaccio & Mohan (1995, July-August); Harwit (1996); Hein & Selden (1997); Hogan (1996); Linenthal & Engelhardt (1996); Nobile (1995).

（3） 本書に掲載した参考文献と分析に使ったニューヨークタイムズの紙面の入手には，科学研究費助成金，広島市立大学特定研究費を使用した．英文資料の多くはハワイ大学マノア校での在外研究中に収集した．また，本書内の英文記事，記録の和訳は筆者が行なった．

1章

（1） Lifton & Mitchell (1995) c.2; Wellerstein (2015); Keever (2004) c.1-3.

（2） Dower(1986).

（3） Boyer (1985) p.12.

（4） この考えは現在も続いており，たとえば2005年８月５日付のアメリカの高級紙ウォール・ストリート・ジャーナル *Wall Street Journal* の社説では原爆をアメリカと日本に対する「救済 salvation」と賞賛している．

（5） Keever (2004) c.1-3.

（6） 原爆開発が始まる前から放射能の人体への影響はもちろん，原爆が炸裂した際には大量の放射性物質を放出し爆心地周辺では長期にわたり人体にとって危険が及ぶことも科学者は正確に予測していた．バゴット(2015) p.128.

（7） Laurence (1947), (1951) & (1959).

（8） Keever (2004) p.3, 5.

（9） 筆者は毎年数十人のアメリカ人を含む世界中の学生に世界の新聞社が原爆をどう報じているかの授業と意見交換を行なっている．広島に来て話を聞くまでは，また平和記念資料館の展示資料を見学するまでは「放射能汚染があったとは知らなかった」と告白するアメリカ人は少なくない．また，原爆の犠牲者が一般市民だったことを知らないアメリカ人は驚くほど多い．5節参照.

（10） 本書で取り上げた大統領声明や演説の原文は大統領研究機関のヴァージニア大学 Miller Center (www.millercenter.org)が提供するテキストを使用している．なお，トルーマンの原爆声明は，ローレンスが起草しているが，もちろん多くの加筆修正が加えられている．Braw (1991) p.108; Wellerstein (2015).

（11） Weart (1988) p.104.

（12） 声明とラジオ演説の日本語訳は，井上(2017).

（13） 柴田(2015) p.24.

（14） Lifton & Mitchell (1995) p.8.

（15） たとえば，Alperovitz (1994) & (1995); Stone & Kuznick (2013).

（16） Lifton & Mitchell (1995) p.10.

（17） Wellerstein (2015).

（18） 1945年8月7日付のタイムズ紙社説「我々の日本に対する回答だ OUR ANSWER TO JAPAN」(p.22)でさえ，内容的にはローレンスが準備して戦争省が提供した資料を切り貼りしたものだと考えられる．原爆攻撃を「降伏を求める最後通牒に日本は無礼な拒絶をしたことに対するアメリカの答えだ」と切り出した社説は，広島の原爆は「サンプルだ」とし，これからさらに強力なものを製造し，日本を完全に破壊すると復讐心をむき出しにしている．

（19） Lifton & Mitchell (1995) p.10; Weart (1988) p.104; Wellerstein (2015).

（20） Keever (2004) p.43.

（21） Lifton & Mitchell (1995) p.8.

（22） NYT 1945/9/9 p.1 by William L. Laurence.

（23） Boyer (1985) p.12.

（24） この節の分析については Keever (2004)に基づいて構成した．

（25） NYT 1945/9/26 p.1, 16 by William L. Laurence “Drama of the Atomic Bomb Found in July 16 Test”.

（26） NYT 1945/9/27 p.7 by William L. Laurence “Lightning Blew up Dummy Atom Bomb”.

（27） Keever (2004) p.69.

（28） NYT 1945/8/7 p.1 by Sidney Shalett.

（29） Keever (2004) p.59.

（30） NYT 1945/8/9 p.8.

（31） Boyer (1985) p.188.

(32) Lifton & Mitchell (1995) p.41.
(33) Boyer (1985) p.188.
(34) Keever (2004) p.50-51.
(35) Berger (1951) c.43.
(36) Berger (1951) p.520.
(37) Berger (1951) p.523.
(38) トルーマンは９月中旬，全米の新聞，雑誌，ラジオ局の編集長宛に，放射能についての報道は政府の公式情報に限るよう「内密に」協力要請している．

2章

（１） Burchett (1983) p.34-36.
（２） 占領中の報道統制と検閲については以下を参照．江藤(1989)，繁沢(2010)，椎名(1985)，スウィーニィ(2004)，松浦(1969) & (1984), 山本(2013), Braw (1991); Mitchell (2012); Mohan & Tree (1995); Smith (1999).
（３） Burchett (1983) p.28.
（４） 国策で設立された通信社で，現在の共同通信社と時事通信社の前身．
（５） 当時，白人が列車に乗って東京から広島に行くことは壮絶なものだった．詳しくは Burchett (1983).
（６） 繁沢(2010) p.20-25, 柴田(2015) p.82, p.60-69, Burchett (1983) c.1; Lifton & Mitchell (1995) p.64-65.
（７） Burchett (1983) p.41.
（８） ９月２日の降伏文書調印式後，キースは同盟通信の記者とタバコや配給品で取引をして，広島にいるバーチェットの記事が届いたら至急知らせるよう手はずを整えていた．翌日の夜，キースは送られてきた記事を取材本部からロンドンに打電するよう連合軍職員に要請した．検閲制度は解除されていたが，職員は「これ（原爆）は例外だ」と送信を拒否．しかし，キースが知り合いの何人もの軍将校に連絡をして説得した．この時点ではまだマッカーサーによる報道統制の厳格化（９月５日以降）の前だった．また，キースはバーチェットと同じくオーストラリア人だったことも幸いした．実質的にアメリカ軍で構成される進駐軍は，他国民の言論報道の自由を奪うことが後々問題になることを恐れたため，許可をしたと考えられる．
（９） タイムズ紙のデータベース調査から，バーチェットの記事を転載しなかっただけではなく，彼の記事が世界に衝撃を巻き起こしていることも，何一つ報じていないことがわかる．
(10) 繁沢(2010) p.176.
(11) NYT 1945/9/5 p.1 by W. H. Lawrence.
(12) タイムズ紙本社の編集者が文脈を無視して削除したのかもしれない．

(13) Lifton & Mitchell (1995) p.49.
(14) Braw (1991).
(15) 詳しくは繁沢(2010), スウィーニィ(2004), Braw (1991); Lifton & Mitchell (1995) p.50; Sherry (1987) p.346.
(16) NYT1945/9/6 p.1, 16, 18 by Joseph A. Loftus.
(17) 椎名(1985)によれば，アメリカ政府・軍に与えた衝撃はむしろ自国の最有力新聞タイムズが「広島では今も１日100人が死んでいる」と報道したほうが大きかったのではないかと分析している．
(18) NYT 1945/9/12 p.1 by William L. Laurence.
(19) Lifton & Mitchell (1995) p.53.
(20) Wellerstein (2011).
(21) Hilgartner, Bell & O'connor (1982) p.34.
(22) Keever (2004) p.19.
(23) Lifton & Mitchell (1995) p.43.
(24) NYT 1945/9/10 p.1 by W. H. Lawrence.
(25) Lifton & Mitchell (1995) p.53.
(26) NYT 1945/9/13 p.4 by W. H. Lawrence.
(27) 椎名(1985, p.61)は資料から９月６日としているが，Burchett (1983, p.21-22)は７日と記している．
(28) ９月５日のマッカーサーの指令によって連合国記者は横浜のホテルに移動することが命令されていたが，広島から戻る途中で京都に立ち寄っていたバーチェットはこのことを知ることなく東京に舞い戻った．
(29) 椎名(1985) p.61.
(30) Burchett (1983) p.22.
(31) ファレルは放射能のことを誤解していた，あるいは知らなかったのではない．椎名(1985)によると，ファレルは９月３日の時点で赤十字国際委員会駐日主席代表のマルセル·ジュノー博士が持参した広島の被爆者救援を求める電報，また，日本政府からの広島の悲惨な状況の写真を見ており，また，白血球の異常により突然死する犠牲者が続出していることも告げられていた(p.34-35, p.62-63).「国会図書館憲政資料室所蔵 日本占領関係資料」の占領軍の原爆調査に関わる通信資料（以下のURL参照）を読めば，ファレルは広島の放射能についてワシントンに度々連絡している．しかし，広島調査後の９月９日付のグローヴス宛の通信では，「犠牲者で最も多いのは，おそらく爆風，飛散物及び火事からであろう〔中略〕放射線による死者は不明」と報告している．これは，1946年に公表された「合衆国戦略爆撃調査」の結論とまったく異なる．６章神話⑤を参照．
http://archives.shiminkagaku.org/archives/csij-newslette_03_atomic_ver11.pdf.

(32) NYT 1945/9/13 p.22.
(33) NYT 1945/9/16 p.E.9 by Waldemar Kaempffert.
(34) NYT 1945/10/7 p.28 by George E. Jones.
(35) Keever (2004) p.52; Lifton & Mitchell (1995) p.55.
(36) NYT 1945/9/21 p.10 “Atom Bomb Worker Died from ‘Burn’”.
(37) Weisgall (1994) p.139.
(38) Senate Special Committee on Atomic Energy, “Hearings: Atomic Energy Act of 1945” p.37 cited in Yavenditti (1974a) p.27.
(39) NYT 1945/11/29 p.4 by Antoony Leviero.
(40) Bernstein (2014).
(41) Bernstein (2014); Maley & Mohan (2005); Mohan & Tree (1995); Mohan & Maley (1997).
(42) cited in Smith (1999) p.167.
(43) Truman note to editors cited in Lifton & Mitchell (1995) p.55.
(44) 繁沢(2010).
(45) NYT 1945/8/31 p.4 by Leslie Nakashima.
(46) オークリッジは広島原爆のウラン精製工場の場所．グローヴスの階級「少将」は原文のまま．
(47) UP 通信は倒産などを経て現在 UPI 通信．UPI 通信はナカシマの記事をアーカイブとして自社ウエブサイトで公開している．

3章

(1) ローレンスについては以下の文献を参考にまとめた．Berger (1951); Braw (1991); Grossman (1997); Hilgartner, Bell & O'connor (1982); Keever (2004); Laurence (1947), (1951) & (1959); Lifton & Mitchell (1995); Salisbury (1980); Weart (1988); Wellerstein (2011) & (2015).
(2) NYT 1940/5/5 p.1 by William L. Laurence.
(3) Lifton & Mitchell (1995) p.13.
(4) The United States Department of War. 陸軍と当時は陸軍の一部だった空軍を管轄．日本では陸軍省と訳されることが多い．当時の米国軍は，それぞれが独立した戦争省の陸軍と海軍省の海軍で構成されていた．
(5) 換算は以下を参照．www.usinflationcalculator.com/.
(6) Laurence (1947) p.xii.
(7) NYT 1945/8/7 p.5 “War Department Called Times Reporter to Explain Bomb's Intricacies to Public”.
(8) 長崎の原爆攻撃目撃記事（1章7節参照）の冒頭には，「ニューヨークタイムズの科学記者でありピューリッツァー賞受賞者であるミスター・ローレンスは，原子爆弾を開発した戦争省の特別任務であるマンハッタン工兵管区の特別コンサルタントです」と但し書きが

加えられている．また，連載記事第１回目（１章８節参照）はこう加えられている．「この連載記事は，戦争省の依頼によって派遣されたニューヨークタイムズの記者によるものだ．一般の人々に向けて原子爆弾について解説することを依頼された．彼はニューメキシコで行われた最初の核爆発実験，また，原爆が実戦使用された長崎への飛行を目撃した」．

（９） Laurence (1947) p.223-224.

(10) Keever (2004) p.47.

(11) 「広島の隠蔽　戦争省に雇われたタイムズ記者のピューリッツァー賞剝奪を」https://www.democracynow.org/2005/8/5/hiroshima_cover_up_stripping_the_war.

(12) The New York Times Company 2016 Report p.2 http://investors.nytco.com/investors/financials/annual-reports/default.aspx.

(13) Berger (1951).

(14) メディアの影響については，井上(2004) c.5.

(15) タイムズ紙の歴史については以下を参照した．Berger (1951); Keever (2004); Salisbury (1980).

(16) 大衆迎合・扇情的イエロージャーナリズム代表格の新聞がジョセフ・ピューリッツァー Joseph Pulitzer が発行していたワールド *World* 紙だった．ジャーナリズム界で最高の栄誉であるピューリッツァー賞だが，当時は「ピューリッツァー」といえば低俗新聞と同義語だった．

(17) 日本の新聞社は販売と広告は同じ比率，もしくは若干販売が多い程度だが，アメリカでは８割から９割以上が広告収入．

(18) Salisbury (1980) p.30, 34.

(19) Keever (2004) p.33-34.

(20) Keever (2004) p.13.

(21) 以下を参照．Keever (2004) p.14, 16; Yavenditti (1970).

(22) NYT 2002/9/8 p.1 by Michael R. Gordon & Judith Miller.

(23) NYT 2004/6/26 p.A10 “The Times and Iraq”.

４章

（１） Yavenditti (1970), (1974a) & (1974b).

（２） 『ニューヨーカー』は都会派の高学歴層向けで洗練された雑誌だが硬派の政治雑誌ではない．

（３） 再掲載の条件は，収益をすべて赤十字に寄付をすること，また，原文をそのまま掲載することだった．タイムズ紙は『広島』を掲載せず，わずかな報道だけだった．ラジオ局はコマーシャルを一切流さない30分番組を９月９日から12日までの４夜連続で全国に放送している．

（4） Bernstein (1993) & (2014); Maley & Mohan (2005).
（5） Bernstein (1993); Hershberg (1985) & (1993).
（6） Hershberg (1993).
（7） Bodnar (2010).
（8） 『タイム』『ライフ』などのように大発行部数を誇る雑誌より，発行部数は少なくても良質な読者を持つこの高級雑誌が選ばれた．
（9） Stimson (1947).
（10） 井上(2004) c.5.
（11） ３人のノーベル賞受賞者は，コンプトン学長の弟アーサー Arthur H. Compton, フェルミ Enrico Fermi, ローレンス Ernest O. Lawrence.
（12） Bernstein (1993); Hershberg (1993) p.296.
（13） Bernstein (1993) p.43.
（14） Compton (1946).
（15） 後述する「戦略爆撃調査」は，原爆の放射能の影響について詳細に報告しており，放射能による死者は全体の15－20％としている．6章で詳述．
（16） Yavenditti (1970).
（17） ホロコーストとは必ずしもドイツによるユダヤ人虐殺だけを意味するのではなく，もともとは大虐殺という意味．広島と長崎での原爆被害もホロコーストと表現される．ドイツやフランスなどヨーロッパ，また，タイなど東南アジアでも原爆＝ホロコーストという表現が新聞に出てくる．しかし，アメリカで使われることはあまりない．井上 (2006), Inoue & Rinnert (2010).
（18） Bernstein (1986) & (1999b); Hallett (2010).
（19） 「戦略爆撃調査」とは，軍人だけではなく第三者的立場の経済学者，建築師，医師ら民間人も含めた約1000人の人材と時間を投入して原爆による破壊と医学的，政治的影響を調査したもの．当初はドイツに対する空襲の効果について調査するため，戦争長官のスティムソンの命令で組織された．日本に対する調査は，トルーマンの命令によって連合軍の占領開始とともに始まっている．この調査の放射能の影響についての報告は6章で取り上げる．
（20） Yavenditti (1970) p.382.
（21） NYT 1945/1/28 p.1 by William L. Laurence.
（22） Hershberg (1993).
（23） マッカーサーは原爆について実戦使用の直前まで知らされていなかった．戦後，原爆は必要なかった，不必要な大虐殺だったと彼は繰り返し発言している．Bernstein (2014).
（24） 書簡の全文は，Merrill (1995).
（25） NYT 1947/1/28 p.22.
（26） NYT 1947/2/2/ p.E8.

（27） NYT 1947/2/2 p.BR14.
（28） Bernstein (1993).
（29） Yavenditti (1974a) p.48-49.
（30） Yavenditti (1970).
（31） 柴田(2015) p.113.
（32） Mary McCarthy in Bird & Lifschultz (1998) p.303-304.
（33） 「ジャップの将校らを今すぐに処刑すべきだ」から「ジャップを人間と呼ぶべきではない」という主張は一般の新聞に現れる有り様だった．Yavenditti (1970) p.253, 314.
（34） Public Opinion Quarterly (1945-1946) p.533.
（35） 江藤(1989), 椎名(1985), 繁沢(2010), 柴田(2015), スウィーニィ(2004), 高橋(2008), 松浦(1969), & (1984), 山本(2013), Braw (1991); Mitchell (2012); Roeder (1993); Smith (1999).
（36） Hershberg (1993) p.284.
（37） NYT 1946/3/6 p.15 “Report of Protestant Church Leaders on Atomic Warfare”.
（38） NYT 1946/8/19 p.1 “Einstein Deplores Use of Atom Bomb”.
（39） Lanouette & Silard (1992) p.271, 527-528.
（40） 筆者の調査では，『ニューヨーカー』が68ページを使ってハーシーの記事の単独掲載号を出すという８月29日付のベタ記事，８月30日付の社説「Time from Laughter」，４夜かけて全文の朗読を放送するという９月８日付の告知記事の計３本だけだった．
（41） Cousins (1946).
（42） cited in Hershberg (1993) p.294.
（43） Hershberg (1993).
（44） 戦後，マクジョージ・バンディはハーヴァード大学に迎えられ，その後ケネディ大統領（John F. Kennedy, 在任1961–63）の国家安全保障補佐官となり核政策の中心人物となった．Bundy (1988).
（45） Hershberg (1993) c.16.
（46） 以下の文が追加された．「原子爆弾は〔中略〕近代戦における他の殺傷兵器と同様に合法であると見なされる」(Stimson (1947) p.98).
（47） Conant (2017); Hershberg (1993) c.16.
（48） Alperovitz (1995); Stone& Kuznick (2013).
（49） cited in Hershberg (1993) p.298.

５章

（１） この章のコナントについては以下を参考に構成した．Bernstein (1993); Conant (1970); Conant (2017); Hershberg (1985) & (1993); Sherwin (2003).
（２） 井上(2017) p.24.

（3） Conant (1970) p.49.
（4） Conant (1970) p.50.
（5） Conant (1970) p.52.
（6） Hershberg (1993) p.120; NYT 1940/5/30 p.24.
（7） コナントの演説を伝えるタイムズ紙記事は掲載順に以下のとおり. NYT 1941/2/12 p.8; 1941/5/3 p.6 by W. A. Macdonald; 1941/5/5 p.2; 1941/5/30 p.24; 1941/9/24 p.48.
（8） 大富豪アンドリュー･カーネギー Andrew Carnegie が設立した科学研究の支援財団.
（9） Hershberg (1993) p.127.
(10) Hershberg (1993) c.7
(11) 演説の名人，ルーズヴェルトはマスメディアを利用して国民世論を動かす術も兼ね備えており，大恐慌のさなかに大統領に就任したときから才能を開花させていた. 1933年３月４日の就任演説「恐れるべきは恐怖そのもの」，そして１週間後，「炉辺談話」と呼ばれるようになる初めてのラジオ演説「銀行の危機について」によって国民のパニックを落ち着かせた. 逆に，この炉辺談話「民主主義の兵器廠（武器庫）」は，ラジオというマスメディアを効果的に使い参戦に向かって国民の意気込みを喚起した. そして，真珠湾攻撃後の宣戦布告演説「屈辱演説」で国民の戦意高揚と日本に対する憎悪を極限まで高めた. ルーズヴェルトの演説については井上（2017）参照.
(12) 武器貸与法. 大統領がアメリカの防衛にとり重要であると判断する国に，あらゆる軍事物資を貸与（実質的に提供）できることを可能にしたもの.
(13) アインシュタインと原爆開発との関わりは，この書簡に賛同し自らの名前を提供しただけだ. 自分が書簡に署名をしたことが結果として原爆開発につながり，そして広島と長崎を破滅させたことを深く後悔し，非難もしている（４章６節参照）. シラードは原爆の使用に最後まで猛反対した.
(14) Hershberg (1993) c.8.
(15) 原爆の製造を一手に負った陸軍工兵隊は原爆開発Ｓ－１計画について「マンハッタン工兵管区」と呼んでいた. ニューヨーク･マンハッタンのブロードウエイにある北大西洋師団本部にちなんだもの. 陸軍工兵隊が開発の全権を握った後に，原爆開発全体を指す名称として使われ，最終的に「マンハッタン計画」として呼ばれるようになった. バゴット(2015) p.184.
(16) Alperovitz (1995); Hershberg (1993) c.12
(17) Hershberg (1993) c.12; Sherwin (2003) c.5.
(18) マンハッタン計画の一部として組織され独伊の核開発情報収集と施設の調査，科学者の拉致を行なった作戦によって，ドイツの核開発

はほとんど進んでおらず，1942年には開発を実質的に中止していたことをつかんでいた．この作戦はAlsos Missionという．Sherwin (2003) p.134.

(19) Hershberg (1993) p.212.

(20) “Roosevelt-Churchill Hyde Park Aide-Memoire” in Cantelon et al. (1991) p.36.

(21) “Military Policy Committee Minutes, May 5, 1943” in Cantelon et al. (1991) p.37. 議事録には以下のことも記録されている．東京爆撃も提案されたが，不発に終わった場合に備えて海底深く沈む場所が選ばれた．理由は回収された原爆から情報が盗まれることを防ぐこと，また，日本はドイツほど回収されたものから情報を手に入れる能力はないからだ．

(22) Sherwin (2003) p.169.

(23) Hershberg (1993) c.12; Sherwin (2003) c.7.

(24) “Interim Committee Minutes, May 31, 1945” in Cantelon et al. (1991) p.39-43.

(25) cited in Hershberg (1985) p.80.

(26) Sherwin (2003) c.8.

(27) “Franck Report” in Sherwin (2003) c.8 & p.323-333.

(28) たとえばStone & Kuznick (2013).

(29) Sherwin (2003) p.146.

(30) Walker (2016) c.2.

(31) Alperovitz (1995); Stone& Kuznick (2013).

(32) Hershberg (1993) c.12, p.222.

(33) Hallett (2013); Walker (2016) c.2.

(34) 原爆攻撃を担当した陸軍戦略爆撃航空隊Strategic Air Forcesのスパーツ Carl Spaatz 司令官に1945年７月25日，ポツダムから発せられた原爆攻撃命令書は，スティムソン戦争長官とマーシャル参謀総長の命によってマーシャルの代理，ハンディ Thomas T. Handy 将軍による署名だった．ヒトラーがユダヤ人大虐殺の命令に署名をしていないように，トルーマンも原爆攻撃の命令はしていない．なお，ハンディが署名した原爆攻撃の命令書は，原爆開発の責任者（原爆を使いたくてしかたがなかった）グローヴスが起草したものだ．ただ，長崎原爆の報を聞いたトルーマンは，その後の原爆使用の中止命令を出している．６章神話①参照．

(35) Alperovitz (1994) & (1995); Sherwin (2003) c.7-9; Walker (2016) c.5.

(36) 広島攻撃に使われたウラン235を使用する原爆については，爆発することに科学者は確信を持っていたため実験はされていない．長崎型とは構造も異なる．

(37) Stimson diaries cited in Hershberg (1993) p.237; Sherwin (2003) p.224.

(38) Truman diaries cited in Hershberg (1993) p.237.
(39) バーンズ国務長官はソヴィエトの参戦を遅らせる外交工作を行なっている.
(40) 2018年換算で274億ドル，日本円で約３兆円. www.usinflationcalculator.com/.
(41) Sherwin (2003) p.138.
(42) 原爆開発にも関わったイギリスのノーベル物理学賞受賞者，ブラケット P. M. S. Blackette の主張. Blackett (1948) p.139.

6章

(１) Mitchell (2012); Yavenditti (1970) p.385.
(２) Yavenditti (1970) p.388.
(３) Mitchell (2012) p.146.
(４) 映画は，架空の若い物理科学者と新婚の妻との（凡庸な）恋愛物語を縦糸に，原爆開発から実戦使用までの歴史的出来事が展開していく物語だ．シラードとアインシュタインによるルーズヴェルトへの書簡に始まり，シカゴ大学での核分裂連鎖反応の実験，アラマゴードの原爆実験，そして，広島に原爆が投下され炸裂するまでの歴史的出来事が「事実」として描かれている．ルーズヴェルト，トルーマン，スティムソン，コナント，グローヴス，オッペンハイマーらの配役の登場もあり，コナント役は原爆実験の場面で登場している.
(５) Mitchell (2012) p.143.
(６) 台本はないため，映画の英語音声を筆者が忠実に文字に起こし日本語に訳した.
(７) 英語原文は以下のとおり. “We’ve been dropping warning leaflets on them for ten days now. That’s ten days more warning than they gave us before Pearl Harbor.”.
(８) Rhodes (1988) p.737; Walker (2016) p.76-77.散布されたビラの英語原文は Merril (1995) p.194-195.
(９) この警告ビラは，広島原爆の後で投下する計画だった．いずれにせよ，広島と長崎の原爆攻撃の前には何も警告はされていない. Rhodes (1988) p.737.
(10) cited in Alperovitz (1995) p.601.
(11) Yavenditti (1970) p.226.
(12) Yavenditti (1970) p.393.
(13) Hallett (2013) p.31.
(14) Giovannitti & Freed (1965) p.239.
(15) Sherry (1987) p.296.
(16) Giovannitti & Freed (1965) p.247-248.
(17) cited in Hallett (2014) p.19.

(18) 以下の文献は半世紀を超える研究を集約している. Walker (1996), (2005) & (2016); Wilson (2014).
(19) Hallett (2013) p.63.
(20) Asada (1998); Frank (1999)のように原爆を決定要因とする良質な研究もあるが，多くの「原爆決定要因論」は回顧録や機密情報公開前の情報に傾注し新しい情報の掘り起こしも分析もされていない古い研究，もしくは右翼思想に偏向した学術研究には値しない著作が多い.
(21) 長谷川 (2006), Alperovitz (1994) & (1995); Bernstein (1995b), (1995c) & (1999a); Hallett (2010) & (2013); Hasegawa (2005) & (2007); Lifton & Mitchell (1995); Sherwin (2003); Stone & Kuznick (2013) & (2016); Takaki (1995); Walker (2016); Wilson (2013) & (2014).
(22) ここで使う兵士の数や戦死者数などは，アメリカ側の統計数字で計算してあるため，日本で一般的に公式数と見なされている統計数との違いがある. 以下を参照に構成した. Hallett (2010) & (2013); Bernstein (1999a) & (1999b).
(23) Bernstein (1999b).
(24) Bernstein (1999b) p.64-65.
(25) "The United States Strategic Bombing Survey: Japan's Struggle to End the War" in Merrill (1995).
(26) Bodnar (2010); Dower (1996).
(27) Yavenditti (1970) p.254.
(28) cited in Yavenditti (1970) p.256.
(29) Yavenditti (1970) p.258.
(30) Bernstein (1995a) p.144.
(31) "The United States Strategic Bombing Survey: The Effects of Atomic Bombs on Hiroshima and Nagasaki" in Merrill (1995).

おわりに

(1) 原爆支持率は1990年＝53%，91年＝53%，94年＝55%，95年＝59%，2005年57%，15年＝56%. 原爆直後は85%の支持だったが，調査時は戦争中だったことが影響していると考えられる. これ以降，90年まで調査は実施されていない. データは調査会社のGallup (http://news.gallup.com/poll/17677/majority-supports-use-atomic-bomb-japan-wwii.aspx)より. また，15年はPew Research Center (http://www.pewresearch.org/fact-tank/2015/08/04/70-years-after-hiroshima-opinions-have-shifted-on-use-of-atomic-bomb/)より.
(2) 2016年の調査では，イギリスは「正しい」の28%に対して「間違い」は41%. アメリカでは「正しい」45%，「間違い」25%. データは調査会社 YouGovUK (https://yougov.co.uk/news/2016/05/19/amer-

ica-was-wrong-drop-bomb-public/).

（3） Hallett (2010) & (2013).

（4） 真珠湾の歴史的変遷と折り鶴展示の経緯と意義については，井上 (2013) & (2017).

（5） 正当化は全世代平均56％．18歳から29歳は47％．前出の Pew Research Center による．

（6）『中国新聞』の2016年６月１日付「オバマ演説をひもとく原爆正当化葬る根拠に」(www.hiroshimapeacemedia.jp/?p=60242), ネットニュース『ハフィントンポスト』(現ハフポスト.www.huffingtonpost.jp/yasuhiro-inoue/truman_obama_b_10249742.html), そして，拙著『世界を変えたアメリカ大統領の演説』にオバマ広島演説の意義を詳しく解説した．

参考文献

井上泰浩（2004）『メディア・リテラシー　媒体と情報の構造学』日本評論社.
井上泰浩（2006）「世界は『広島』をどう報じたか――原爆投下60周年報道の国際比較検証」『広島国際研究』12巻, 103-127.
井上泰浩（2013, 9月28日）「今を読む『偵子の折り鶴』真珠湾に」中国新聞, p.6. www.hiroshimapeacemedia.jp/?p=19063.
井上泰浩（2016, 6月1日）「オバマ演説をひもとく　原爆正当化葬る根拠に」中国新聞, p.5. www.hiroshimapeacemedia.jp/?p=60242.
井上泰浩（2017）『世界を変えたアメリカ大統領の演説』講談社.
江藤淳（1989）『閉された言語空間　占領軍の検閲と戦後日本』文藝春秋.
椎名麻紗枝（1985）『原爆犯罪　被爆者はなぜ放置されたか』大月書店.
繁沢敦子（2010）『原爆と検閲　アメリカ人記者たちが見た広島・長崎』中央公論新社.
柴田優呼（2015）『"ヒロシマ・ナガサキ"　被爆神話を解体する　隠蔽されてきた日米共犯関係の原点』作品社.
スウィーニィ, マイケル・S（2004）『米国のメディアと戦時検閲　第二次世界大戦における勝利の秘密』（土屋礼子, 松永寛明訳）法政大学出版局.
袖井林二郎（1995）『私たちは敵だったのか　在米被爆者の黙示録』岩波書店.
高橋博子（2008）『封印されたヒロシマ・ナガサキ　米核実験と民間防衛計画』凱風社.
バゴット, ジム（2015）『原子爆弾1938～1950年　いかに物理学者たちは、世界を残虐と恐怖へと導いていったか？』（青柳伸子訳）作品社.
長谷川毅（2006）『暗闘　スターリン、トルーマンと日本降伏』中央公論新社.
細谷千博, 入江昭, 後藤乾一, 波多野澄雄（1997）『太平洋戦争の終結　アジア・太平洋の戦後形成』柏書房.
松浦総三（1969）『占領下の言論弾圧』現代ジャーナリズム出版会.
松浦総三（1984）『松浦総三の仕事②　戦中・占領下のマスコミ』大月書店.
山本武利（2013）『GHQの検閲・諜報・宣伝工作』岩波書店.
油井大三郎（2007）『なぜ戦争観は衝突するか　日本とアメリカ』岩波書店.

Adams, Michael C.C. (1994). *The Best War Ever: American and World War II*. Baltimore, Maryland: The Johns Hopkins University Press.

Alperovitz, Gar, Robert L. Messer & Barton J. Bernstein. (1991-1992). Marshall, Truman, and the Decision to Drop the Bomb. *International Security*, v.16 (3), 204-221.

Alperovitz, Gar. (1994). *Atomic Diplomacy: Hiroshima and Potsdam: The Use of the Atomic Bomb and the American Confrontation with Soviet Power* (2 nd expanded edition). London: Pluto Press.

Alperovitz, Gar. (1995). The *Decision to Use the Atomic Bomb and the Architecture of an American Myth.* NY: Alfred A. Knopf.

Asada, Sadao. (1998).The Shock of the Atomic Bomb and Japan's Decision to Surrender: A Reconsideration. *Pacific Historical Review,* v.67 (4), 477-515.

Berger, Meyer. (1951). *The Story of The New York Times, 1851-1951.* NY: Simon and Schuster.

Bernstein, Barton J. (1974). The Atomic Bomb and American Foreign Policy, 1941-1945: An Historiographical Controversy. *Peace & Change*, v.2 (1), 1-16.

Bernstein, Barton J. (1976). *The Atomic Bomb: The Critical Issues.* Boston: Little, Brown and Company.

Bernstein, Barton J. (1986, June-July). A Postwar Myth: 500,000 U.S. Lives Saved. *Bulletin of the Atomic Scientists*, v.42, 38-40.

Bernstein, Barton J. (1986, August-September). Nuclear Deception: The U.S. Record. *Bulletin of the Atomic Scientists,* v.42, 40-43.

Bernstein, Barton J. (1992). Writing, Righting, or Wronging the Historical Record: President Truman's Letter on His Atomic Bomb Decision. *Diplomatic History,* v.16 (1), 163-173.

Bernstein, Barton J. (1993). Seizing the Contested Terrain of Early Nuclear History: Stimson, Conant, and Their Allies Explain the Decision to Use the Atomic Bomb. *Diplomatic History,* v.17 (1), 35-72.

Bernstein, Barton J. (1995a). The Atomic Bombings Reconsidered. *Foreign affairs,* v.74 (1), 135-152.

Bernstein, Barton J. (1995b). Compelling Japan's Surrender without the A-Bomb, Soviet Entry, or Invasion: Reconsidering the US Bombing Survey's Early-Surrender Conclusions. *Journal of Strategic Studies,* v.18 (2), 101-148.

Bernstein, Barton J. (1995c). Understanding the Atomic Bomb and the Japanese Surrender: Missed Opportunities, Little-Known Near Disasters, and Modern Memory. *Diplomatic History,* v.19 (2), 227-273.

Bernstein, Barton J. (1998). Truman and the A-Bomb: Targeting Noncombatants,

Using the Bomb, and His Defending the "Decision". *Journal of Military History,* v.62 (3), 547-570.

Bernstein, Barton J. (1999a). Reconsidering "Invasion Most Costly": Popular-History Scholarship, Publishing Standards, and the Claim of High U.S. Casualty Estimates to Help Legitimize the Atomic Bombings. *Peace & Change,* v.24 (2), 220-248.

Bernstein, Barton J. (1999b). Reconsidering Truman's Claim of "Half a Million American Lives" Saved by the Atomic Bomb: The Construction and Deconstruction of a Myth. *Journal of Strategic Studies,* v.22 (1), 54-95.

Bernstein, Barton J. (2014, July 31). American Conservatives are the Forgotten Critics of the Atomic Bombing of Japan. *The Mercury News.* Available at https://www.mercurynews.com/2014/07/31/barton-j-bernstein-american-conservatives-are-the-forgotten-critics-of-the-atomic-bombing-of-japan/.

Bird, Kai & Lawrence Lifschultz (eds.). (1998). *Hiroshima's Shadow.* Stony Creek, Connecticut: The Pamphleteer's Press.

Blackett, P.M.S. (1948). *Fear, War, and the Bomb: Military and Political Consequences of Atomic Energy.* NY: Whittlesey House.

Bodnar, John. (2010). *The "Good War" in American Memory.* Baltimore: The Johns Hopkins University Press.

Boyer, Paul. (1985). *By the Bomb's Early Light: American Thought and Culture at the Dawn of the Atomic Age.* NY: Pantheon Books.

Braw, Monica. (1991). *The Atomic Bomb Suppressed: American Censorship in Occupied Japan.* Armonk, NY: M. E. Sharpe.

Bundy, McGeorge. (1990). *Danger and Survival: Choices about the Bomb in the First Fifty Years.* NY: Vintage Books.

Burchett, Wilfred. (1983). *Shadows of Hiroshima.* London: Verso.

Cantelon, Philip L., Richard G. Hewlett & Robert C. Williams(eds.). (1991). *The American Atom: A Documentary History of Nuclear Policies from the Discovery of Fission to the Present.* Philadelphia: University of Pennsylvania Press.

Capaccio, Tony & Uday Mohan. (1995, July-August). Missing the Target (Media Coverage of the Plan to Exhibit the Enola Gay at the Smithsonian Institution's National Air and Space Museum). *American Journalism Review,* v.17 (6), 18-19.

Compton, Karl T. (1946, December). If the Atomic Bomb Had Not Been Used. *The Atlantic Monthly,* 54-56.

Conant, James B. (1970). *My Several Lives: Memoirs of a Social Inventor.* NY: Harper & Row, Publishers.

Conant, Jennet. (2017). *Man of the Hour: James B. Conant, Warrior Scientist.* NY: Simon and Schuster.

Cousins, Norman. (1946, September 14). The Literacy of Survival. *The Saturday Review of Literature,* 14.

Dower, John W. (1986). *War without Mercy: Race and Power in the Pacific War.* NY: Pantheon Books.

Dower, John W. (1995, August-September). Hiroshima, Nagasaki, and the Politics of Memory (The Atomic Age at 50). *Technology Review,* v.98 (6), 48-51.

Dower, John W. (1996). Three Narratives of Our Humanity. In Edward T. Linenthal & Tom Engelhardt (eds.), *History Wars: The Enola Gay and Other Battles for the American Past* (pp.63-96). NY: Henry Holt and Company.

Dower, John W. (2010). *Cultures of War: Pearl Harbor, Hiroshima, 9/11, Iraq.* NY: W.W. Norton & Company.

Frank, Richard B. (1999). *Downfall: The End of the Imperial Japanese Empire.* NY: Random House.

Giovannitti, Len & Fred Freed. (1965). *The Decision to Drop the Bomb.* NY: Coward-McCann.

Grossman, Karl. (1997). *The Wrong Stuff: The Space Program's Nuclear Threat to Our Planet.* Maine: Common Courage Press.

Hallett, Brien. (2010). Remembering the Atomic Bombings. In Carol Rinnert, Omar Farouk & Yasuhiro Inoue (eds.), *Hiroshima & Peace* (pp.72-82). Hiroshima: Keisuisha.

Hallett, Brien. (2013). *Did the Atomic Bomb Cause the Surrender of Japan?: An Alternative Explanation of the End of World War II.* Lewiston, NY: Edwin Mellen Press.

Harwit, Martin. (1996). *An Exhibit Denied: Lobbying the History of Enola Gay.* NY: Copernicus.

Hasegawa, Tsuyoshi. (2005). *Racing the Enemy: Stalin, Truman, and the Surrender of Japan.* Cambridge, MA: Harvard University Press.

Hasegawa, Tsuyoshi (ed.). (2007). *The End of the Pacific war: Reappraisals.* Stanford, CA: Stanford University Press.

Hein, Laura & Mark Selden. (eds.). (1997). *Living with the Bomb: American and Japanese Cultural Conflicts in the Nuclear Age.* Armonk, NY: M.E. Sharpe.

Hersey, John. (1946). *Hiroshima.* NY: Penguin Books.

Hershberg, James G. (1985). James B. Conant and the Atomic Bomb. *Journal of Strategic Studies,* v.8 (1), 78-92.

Hershberg, James G. (1993). *James B. Conant: Harvard to Hiroshima and the Making of the Nuclear Age.* NY: Alfred A. Knopf.

Hilgartner, Stephen, Richard C. Bell & Rory O'connor. (1982). *Nukespeak: Nu-*

clear Language, Visions, and Mindset. San Francisco: Sierra Club Books.
Hogan, Michael J. (ed.). (1996). *Hiroshima in History and Memory.* Cambridge, UK: Cambridge University Press.
Inoue, Yasuhiro & Carol Rinnert. (2010). International Newspaper Coverage of the 60th Anniversary of the Hiroshima Bombing. In Edward Demenchonok (ed.), *After Hiroshima* (pp.69-96). UK: Cambridge Scholars.
Keever, Beverly Deepe. (2004). *News Zero: The New York Times and the Bomb.* Monroe, Maine: Common Courage Press.
Koppes, Clayton R. & Gregory D. Black. (1987). *Hollywood Goes to War: How Politics, Profits, and Propaganda Shaped World War II Movies.* NY: The Free Press.
Lanouette, William & Bela Silard. (1992). *Genius in the Shadows: A Biography of Leo Szilard: The Man behind the Bomb.* NY: Charles Scribner's Son.
Laurence, William L. (1951). *The Hell Bomb.* NY: Alfred A. Knopf.
Laurence, William L. (1947). *Dawn over Zero: The Story of the Atomic Bomb* (2nd edition). Westport, CT: Greenwood Press.
Laurence, William L. (1959). *Men and Atoms: The Discovery, the Uses, and the Future of Atomic Energy.* NY: Simon and Schuster.
Lifton, Robert Jay & Greg Mitchell. (1995). *Hiroshima in America: A Half Century of Denial.* NY: Avon Book.
Linenthal, Edward T. & Tom Engelhardt (eds). (1996). *History Wars: The Enola Gay and other Battles for the American Past.* NY: Henry Holt and Company.
Macdougall, Robert. (1999). Red, Brown and Yellow Perils: Images of the American Enemy in the 1940s and 1950s. *The Journal of Popular Culture,* v.32 (4), 59-75.
Maley, Leo III & Uday Mohan (2005, August 7). Then and Now Hiroshima: A Democrat Ordered It, Conservatives Denounced It: Times Have Changed. *Honolulu Advertiser,* p.B1.
Merrill, Dennis(ed.). (1995). *Documentary History of the Truman Presidency, Volume I: The Decision to Drop the Atomic Bomb on Japan.* Bethesda, MD: University Publications of America.
Miles, Rufus E. Jr. (1985). Hiroshima: The Strange Myth of Half a Million American Lives Saved. *International Security,* v.10 (2), 121-140.
Mitchell, Greg. (2012). *Atomic Cover-Up: Two U.S. Soldiers, Hiroshima & Nagasaki and the Greatest Movie Never Made.* NY: Sinclair Books.
Mohan, Uday & Sanho Tree. (1995). Hiroshima, the American Media, and the Construction of Conventional Wisdom. *Journal of American-East Asian Relations,* v.4 (2), 141-160.
Mohan, Uday & Leo Maley III. (1997). Orthodoxy and Dissent: The American

News Media and the Decision to Use the Atomic Bomb against Japan, 1945-1995. In Hammond, Phil (ed.), *Cultural Difference, Media Memories: Anglo-American Images of Japan* (pp.139-174). London: Cassell.

Nobile, Philip(ed.). (1995). *Judgment at the Smithsonian: Smithsonian Script by the Curators at the National Air and Space Museum.* NY: Marlowe & Company.

Public Opinion Quarterly. (1945-1946). The Quarter's Polls. *Author,* v.9 (4), 510 -538.

Rhodes, Richard. (1988). *The Making of the Atomic Bomb.* NY: Simon and Schuster.

Roeder, George H. Jr. (1993). *The Censored War: American Visual Experience during World War Two.* CT: Yale University Press.

Rosenberg, Emily. (2003). *A Date which Will Live: Pearl Harbor in American Memory.* Durham: Duke University Press.

Salisbury, Harrison E. (1980). *Without Fear or Favor: The New York Times and its Times.* NY: Times Books.

Sherry, Michael S. (1987). *The Rise of American Air Power: The Creation of Armageddon.* New Haven, CT: Yale University Press.

Sherwin, Martin J. (2003). *A World Destroyed: Hiroshima and its Legacies* (3rd edition). Stanford, CA: Stanford University Press.

Smith, Jeffery A. (1999). *War and Press Freedom: The Problem of Prerogative Power.* NY: Oxford University Press.

Stimson, Henry L. (1947, February). The Decision to Use the Atomic Bomb. *Harper's Magazine,* v.195, 97-107.

Stone, Oliver & Peter Kuznick. (2013).*The Untold History of the United States.* UK: Ebury Press.

Stone, Oliver & Peter Kuznick. (2016, May26). Bombing Hiroshima Changed the World, But It Didn't End WWII. *Los Angeles Times.* Available at http://www.latimes.com/opinion/op-ed/la-oe-stone-kuznick-hiroshima-obama-20160524-snap-story.html (accessed 2018/1/11).

Takaki, Ronald. (1995). *Hiroshima: Why America Dropped the Atomic Bomb.* Boston, MA: Little, Brown and Company.

Udall, Stewart L. (1994). *The Myths of August: A Personal Exploration of Our Tragic Cold War Affair with the Atom.* NY: Pantheon Books.

Walker, J. Samuel. (1990). The Decision to Use the Bomb: A Historiographical Update. *Diplomatic History,* v.14 (1), 97-114.

Walker, J. Samuel. (1995). History, Collective Memory, and the Decision to Use the Bomb. *Diplomatic History,* v.19 (2), 319-328.

Walker, J. Samuel. (1996). The Decision to Use the Bomb: A Historiographical Update. In Michael J. Hogan (ed.), *Hiroshima in History and Memory*

(pp.11-37). Cambridge, UK: Cambridge University Press.

Walker, J. Samuel. (2005). Recent Literature on Truman's Atomic Bomb Decision: A Search for Middle Ground. *Diplomatic History,* v.29 (2), 311-334.

Walker, J. Samuel. (2016). *Prompt and Utter Destruction: Truman and the Use of Atomic Bombs against Japan* (3rd edition). Chapel Hill: University of North Carolina Press.

Weart, Spencer R. (1988). *Nuclear Fear: A History of Images.* Cambridge, MA: Harvard University Press.

Weisgall, Jonathan M. (1994). *Operation Crossroads: The Atomic Tests at Bikini Atoll.* Maryland: Naval Institute Press.

Wellerstein Alex. Restricted Data: The Nuclear Secrecy Blog. http://blog.nuclearsecrecy.com/.

Wellerstein Alex. (2011, November 10). *Trinity Test Press Release.* Restricted Data: The Nuclear Secrecy Blog. http://blog.nuclearsecrecy.com/.

Wellerstein Alex. (2015, October 30). *The Improbable William Laurence.* Restricted Data: The Nuclear Secrecy Blog. http://blog.nuclearsecrecy.com/.

White, Geoffrey M. (1995, July). Memory Wars: The Politics of Remembering the Asia-Pacific War. *Asia Pacific Issues.* n.21, 1-8.

Wilson, Ward. (2013, May 30). The Bomb Didn't Beat Japan…Stalin Did: Have 70 Years of Nuclear Policy Been Based on a Lie? *Foreign Policy.* Available at https://foreignpolicy.com/2013/05/30/the-bomb-didnt-beat-japan-stalin-did / (accessed 2018/1/11).

Wilson, Ward. (2014). *Five Myths about Nuclear Weapons.* Boston: Mariner Books.

Winkler, Allan M. (1993). *Life under a Cloud: American Anxiety about the Atom.* NY:Oxford University Press.

Yavenditti, Michael J. (1970). *American Reactions to the Use of Atomic Bombs on Japan, 1945-1947.* Dissertation, University of California, Berkeley.

Yavenditti, Michael J. (1974a). John Hersey and the American Conscience: The Reception of "Hiroshima." *Pacific Historical Review,* v.43 (1), 24-49.

Yavenditti, Michael J. (1974b). The American People and the Use of Atomic Bombs on Japan: The 1940s. *Historian,* v.36 (2), 224-247.